KT-233-839

The everyday world at your fingertips

PICTURE DICTIONARY
MANDARIN CHINESE

www.berlitzpubli...

Distribution

UK, Ireland and Europe:
Apa Publications (UK) Ltd;
sales@insightguides.com

United States and Canada:
Ingram Publisher Services;
ips@ingramcontent.com

Australia and New Zealand:
Woodslane; info@woodslane.com.au

Southeast Asia:
Apa Publications (SN) Pte;
singaporeoffice@insightguides.com

Worldwide: Apa Publications (UK) Ltd;
sales@insightguides.com

Special Sales, Content Licensing and CoPublishing

Insight Guides can be purchased in bulk quantities at discounted prices. We can create special editions, personalised jackets and corporate imprints tailored to your needs. sales@insightguides.com; www.insightguides.biz

First Edition 2019

All Rights Reserved
© 2019 Apa Digital (CH) AG and Apa Publications (UK) Ltd

Printed in China by CTPS

Contact us

Every effort has been made to provide accurate information in this publication, but changes are inevitable. The publisher cannot be responsible for any resulting loss, inconvenience or injury. We would appreciate it if readers would call our attention to any errors or outdated information. We also welcome your suggestions; please contact us at: berlitz@apaguide.co.uk

Series Editor: Carine Tracanelli
Editor: Urszula Krajewska
Head of Production: Rebeka Davies
Series design: Krzysztof Kop
Picture research & DTP design: bookidea
English text: Carine Tracanelli & Barbara Marchwica
Translation & simplified phonetics: Aligua
Proofreading: Echo Leung Chung Man
Photo credits: all Shutterstock and Fotolia

Introduction

Whether you are a total beginner or already have a sound knowledge of your chosen language, this Berlitz picture dictionary will help you to communicate quickly and easily. Packed with 2,000 useful terms, it covers all everyday situations, whether you're applying for a job, going shopping or just getting around. See, understand, memorise: visual learning by combining a word with an image helps you remember it more effectively as images affect us more than text alone.

To get the most out of your picture dictionary you can search for words in two ways: by theme (women's clothes, sporting facilities, hobbies, etc.) or by consulting the index at the end. You'll also find important phrases surrounding a topic in each chapter, ensuring that you have the foundations you need for communicating.

Each word is followed by its phonetic transcription to make sure you pronounce each word or sentence correctly. You will find a helpful guide to pronunciation in your chosen language on pages 7–10.

Note that the terms in this picture dictionary are always given in their singular form unless they are generally only used in their plural form.

Berlitz are renowned for the quality and expertise of their language products. Discover the full range at www.berlitzpublishing.com.

Table of Contents

Pronunciation

The romanized pronunciation system widely used for Chinese is called pīnyīn, pinyin. Not all pinyin letters or letter combinations are pronounced as they normally are in English. A guide to the pronunciation of pinyin follows. In addition to the Roman alphabet, pinyin also features tonal marks, which represent four Mandarin Chinese tones:

Tone	Mark	Description	Example	Simplified Chinese	Translation
1st	¯	high and level	**mā**	妈	mother
2nd	´	starts medium in tone, then rises to the top	**má**	麻	hemp
3rd	ˇ	starts low at level 2, dips to the bottom and then rises toward the top to level 4	**mǎ**	马	horse
4th	`	starts at the top and then falls sharp and strong to the bottom	**mà**	骂	scold

Vowels without tonal marks are considered "neutral" or fifth tone:

neutral	flat, with no emphasis	**ma**	吗	an expression of mood

Initial Consonants

The following table illustrates the initial sounds in pinyin and their equivalents in English.

Symbol	Approximate Pronunciation	Example	Pronunciation
c	like ts in *pits*	草	cǎo
ch	like ch in *church*	吃	chī
h	like ch in Scottish *loch*	花	huā
q	like ch in *chip*	旗	qí
r	like r in *raw*	人	rén
sh	like sh in *wash*, with the tongue curved at the back of the mouth	是	shì
x	like sh in *she*, with the tongue resting at the back of the lower teeth	心	xīn
z	like ds in *kids*	子	zǐ
zh	like j in *judge*	中	zhōng

The letters b, d, f, g, j, k, l, m, n, p, s, t, w are pronounced generally as in English.

Finals

The following table illustrates the final sounds in pinyin, and their equivalents in English.

Symbol	Approximate Pronunciation	Example	Pronunciation
a	like a in *father*	八	bā
e	like e in *her*	鹅	é
i	1. like e in *me*	1. 一	1. yī
	2. not pronounced after c, s, z	2. 此	2. cǐ
	3. after ch, sh, zh and r, pronounce all letters of the syllable with the tongue curled back, like i in *bird*	3. 吃	3. chī
o	like aw in *awe*	我	wǒ
u	like oo in *spoon*	五	wǔ
ü	like pronouncing *you* with lips pursed	女	nǚ
ai	like ai in *aisle*	爱	ài
an	like an in *ran*	安	ān
ang	like ang in *rang*	昂	áng
ao	like ow in *how*	奥	ào
ei	like ei in *eight*	类	lèi
en	like en in *open*	恩	ēn
eng	like en in *open* + g	衡	héng
	er like *err*, but with the tongue curled back and the sound coming from the back of the throat	二	èr
ia	like ya in *yard*	下	xià
ian	similar to *yen*	联	lián

Symbol	Approximate Pronunciation	Example	Pronunciation
iang	like ee-ang	两	liǎng
iao	like ee ee-ow	料	liào
ie	like ye in *yes*	列	liè
in	like in in *thin*	林	lín
ing	like ing in *thing*	龄	líng
iong	like ee-ong	雄	xióng
iu	like yo in *yoga*	六	liù
ou	like ou in *dough*	楼	lóu
ong	like oong with oo as in *soon*	龙	lóng
ua	like wah	华	huá
uai	similar to *why*	怀	huái
uan	like wahn	环	huán
uang	like wahng	黄	huáng
ue	like u + eh	学	xué
ui	similar to *way*	会	huì
un	like uan in *truant*	魂	hún
uo	similar to *war*	或	huò

A B C D E F G H I J K L M N
O P Q R S T U V W X Y Z

GENERAL VOCABULARY

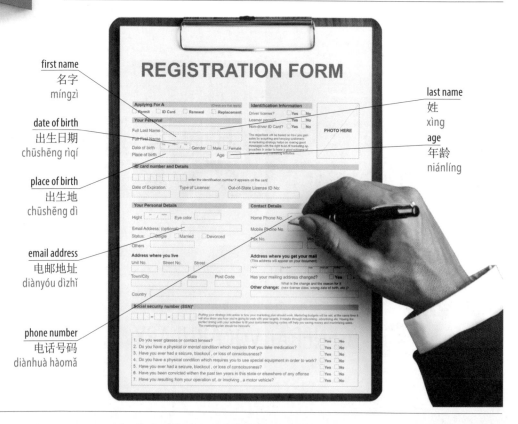

first name
名字
míngzì

last name
姓
xìng

date of birth
出生日期
chūshēng rìqí

age
年龄
niánlíng

place of birth
出生地
chūshēng dì

email address
电邮地址
diànyóu dìzhǐ

phone number
电话号码
diànhuà hàomǎ

address	地址	dìzhǐ
marital status	婚姻状况	hūnyīn zhuàngkuàng
children	孩子	háizi
home country	原籍国	yuánjí guó
place of residence	居住地	jūzhù dì
single	单身	dānshēn
in a relationship	在关系中	zài guānxì zhōng
divorced	离婚	líhūn
married	已婚	yǐ hūn
widowed	丧偶	sàng'ǒu
What's your name?	你叫什么名字？	nǐ jiào shénme míngzì?
Where are you from?	你从哪里来？	nǐ cóng nǎlǐ lái?
Where were you born?	你在哪里出生？	nǐ zài nǎlǐ chūshēng?
When were you born?	你什么时候出生？	nǐ shénme shíhòu chūshēng?
What is your address?	你的地址是什么？	Nǐ de dìzhǐ shì shénme?
What's your phone number?	你的电话号码是什么？	nǐ de diànhuà hàomǎ shì shénme?
Are you married?	你结婚了吗？	nǐ jiéhūnle ma?
Do you have children?	你有孩子吗？	nǐ yǒu háizi ma?

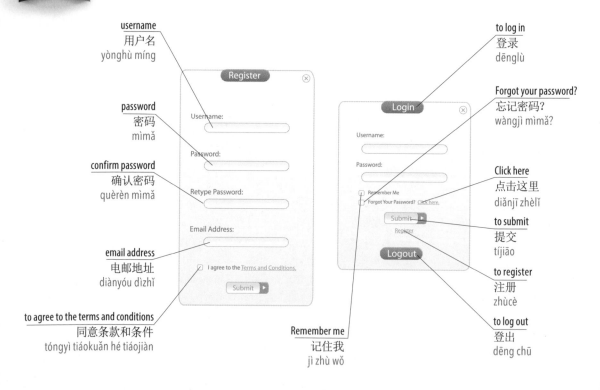

username
用户名
yònghù míng

to log in
登录
dēnglù

password
密码
mìmǎ

Forgot your password?
忘记密码?
wàngjì mìmǎ?

confirm password
确认密码
quèrèn mìmǎ

Click here
点击这里
diǎnjī zhèlǐ

to submit
提交
tíjiāo

email address
电邮地址
diànyóu dìzhǐ

to register
注册
zhùcè

to agree to the terms and conditions
同意条款和条件
tóngyì tiáokuǎn hé tiáojiàn

to log out
登出
dēng chū

Remember me
记住我
jì zhù wǒ

0	zero	零	líng
1	one	一	yī
2	two	二	èr
3	three	三	sān
4	four	四	sì
5	five	五	wǔ
6	six	六	liù
7	seven	七	qī
8	eight	八	bā
9	nine	九	jiǔ
10	ten	十	shí
11	eleven	十一	shíyī
12	twelve	十二	shí'èr
13	thirteen	十三	shísān
14	fourteen	十四	shísì
15	fifteen	十五	shíwǔ
16	sixteen	十六	shíliù

17	seventeen	十七	shíqī
18	eighteen	十八	shíbā
19	nineteen	十九	shíjiǔ
20	twenty	二十	èrshí
21	twenty-one	二十一	èrshíyī
30	thirty	三十	sān shí
40	forty	四十	sìshí
50	fifty	五十	wǔshí
60	sixty	六十	liùshí
70	seventy	七十	qīshí
80	eighty	八十	bāshí
90	ninety	九十	jiǔshí
100	one hundred	一百	yībǎi
101	one hundred and one	一百零一	yībǎi líng yī
1000	one thousand	一千	yīqiān
1 000 000	one million	一百万	yībǎi wàn

1st (first)
第一
dì yī

2nd (second)
第二
dì èr

3rd (third)
第三
dì sān

4th	fourth	第四	dì sì
5th	fifth	第五	dì wǔ
6th	sixth	第六	dì liù
7th	seventh	第七	dì qī
8th	eighth	第八	dì bā
9th	ninth	第九	dì jiǔ
10th	tenth	第十	dì shí
11th	eleventh	第十一	dì shíyī

12th	twelfth	第十二	dì shí'èr
13th	thirteenth	第十三	dì shísān
14th	fourteenth	第十四	dì shísì
15th	fifteenth	第十五	dì shíwǔ
16th	sixteenth	第十六	dì shíliù
17th	seventeenth	第十七	dì shíqī
18th	eighteenth	第十八	dì shíbā
19th	nineteenth	第十九	dì shíjiǔ
20th	twentieth	第二十	dì èrshí
21st	twenty-first	第二十一	dì èrshíyī
22nd	twenty-second	第二十二	dì èrshí'èr
23rd	twenty-third	第二十三	dì èrshísān
24th	twenty-fourth	第二十四	dì èrshísì
25th	twenty-fifth	第二十五	dì èrshíwǔ
26th	twenty-sixth	第二十六	dì èrshíliù
27th	twenty-seventh	第二十七	dì èrshíqī
28th	twenty-eighth	第二十八	dì èrshíbā
29th	twenty-ninth	第二十九	dì èrshíjiǔ
30th	thirtieth	第三十	dì sānshí
40th	fortieth	第四十	dì sìshí
50th	fiftieth	第五十	dì wǔshí
60th	sixtieth	第六十	dì liùshí
70th	seventieth	第七十	dì qīshí
80th	eightieth	第八十	dì bāshí
90th	ninetieth	第九十	dì jiǔshí
100th	hundredth	第一百	dì yībǎi

noon	中午	zhōngwǔ
midnight	午夜	wǔyè

one am	凌晨一点	língchén yīdiǎn
one pm	下午一点	xiàwǔ yīdiǎn

two am	凌晨两点	língchén liǎng diǎn
two pm	下午两点	xiàwǔ liǎng diǎn

three am	三点	sān diǎn
three pm	下午三点	xiàwǔ sān diǎn

four am	四点	sì diǎn
four pm	下午四点	xiàwǔ sì diǎn

five am	五点	wǔ diǎn
five pm	下午五点	xiàwǔ wǔ diǎn

six am	上午六点	shàngwǔ liù diǎn
six pm	下午六点	xiàwǔ liù diǎn

seven am	早上七点	zǎoshang qī diǎn
seven pm	晚上七点	wǎnshàng qī diǎn

eight am	早上八点	zǎoshangbā diǎn
eight pm	晚上八点	wǎnshàng bā diǎn

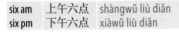

nine am	上午九点	shàngwǔ jiǔ diǎn
nine pm	下午九点	xiàwǔ jiǔ diǎn

ten am	上午十点	shàngwǔ shí diǎn
ten pm	晚上十点	wǎnshàng shí diǎn

eleven am	十一点	shíyī diǎn
eleven pm	晚上十一点	wǎnshàng shíyī diǎn

quarter to
差十五分
chà shíwǔ fēn

ten to
差十分
chà shífēn

five to
差五分
chà wǔ fēn

... o'clock
...点钟
... diǎn zhōng

five past
过五分
guò wǔ fēn

ten past
过十分
guò shí fēn

quarter past
过一刻钟
guò yīkè zhōng

half past
过三十分
guò sānshífēn

What time is it?	几点了？	jǐ diǎnle?
It's nine thirty.	现在九点半	xiànzài jiǔ diǎn bàn
Excuse me, could you tell me the time please?	对不起，能告诉我时间吗？	duìbùqǐ, néng gàosù wǒ shíjiān ma?
It's about half past nine.	现在大概九点半	xiànzài dàgài jiǔ diǎn bàn

Monday
星期一
xīngqí yī

Tuesday
星期二
xīngqí'èr

Wednesday
星期三
xīngqísān

Thursday
星期四
xīngqísì

Friday
星期五
xīngqíwǔ

Saturday
星期六
xīngqíliù

Sunday
星期日
xīngqírì

on Monday	在星期一	zài xīngqí yī
from Tuesday	从星期二	cóng xīngqí'èr
until Wednesday	直到星期三	zhídào xīngqísān

JANUARY

January
一月
yī yuè

FEBRUARY

February
二月
èr yuè

MARCH

March
三月
sān yuè

APRIL

April
四月
sì yuè

MAY

May
五月
wǔ yuè

JUNE

June
六月
liù yuè

JULY

July
七月
qī yuè

AUGUST

August
八月
bā yuè

SEPTEMBER

September
九月
jiǔ yuè

OCTOBER

October
十月
shí yuè

NOVEMBER

November
十一月
shíyī yuè

DECEMBER

December
十二月
shí'èr yuè

in July	在七月	zài qī yuè
since September	自九月起	zì jiǔ yuè qǐ
until October	直到十月	zhídào shí yuè
for two months	两个月	liǎng gè yuè

morning	**late morning**	**noon**	**afternoon**	**evening**	**night**
早上	上午较晚时候	中午	下午	晚上	夜间
zǎoshang	shàngwǔ jiào wǎn shíhòu	zhōngwǔ	xiàwǔ	wǎnshàng	yèjiān

in the morning	在早上	zài zǎoshang
in the evening	在晚上	zài wǎnshàng
in the night	在夜晚	zài yèwǎn

ATM / cashpoint
ATM/自动取款机
ATM/zìdòng qǔkuǎn jī

cash
现金
xiànjīn

bank statement
银行对账单
yínháng duì zhàng dān

cheque
支票
zhīpiào

account	账户	zhànghù
bank	银行	yínháng
bank charges	银行收费	yínháng shōufèi
debit card	借记卡	jiè jì kǎ
debt	债务	zhàiwù
current account	经常账户	jīngcháng zhànghù
loan	贷款	dàikuǎn
mortgage	抵押	dǐyā
savings account	储蓄账户	chúxù zhànghù
standing order	长期委托书	chángqí wěituō shū
to borrow money	借钱	jiè qián
to invest	投资	tóuzī
to lend money	借钱给别人	jiè qián gěi biérén
to pay	支付	zhīfù
to take out a loan	得到贷款	dédào dàikuǎn
to withdraw from the account	退出账户	tuìchū zhànghù
to take out a mortgage	得到抵押贷款	dédào dǐyā dàikuǎn
to withdraw	提取	tíqǔ

credit card
信用卡
xìnyòngkǎ

to save
储蓄
chúxù

Pound Sterling
英镑
yīngbàng

Euro
欧元
ōuyuán

Dollar
美元
měiyuán

Franc
法郎
fàláng

Yen
日元
rì yuán

Won
韩元
hányuán

Yuan
元
yuán

Indian Rupee
印度卢比
yìndù lúbǐ

Zloty
兹罗提
zī luō tí

Ruble
卢布
lúbù

Leu
列伊
liè yī

Forint
福林
fú lín

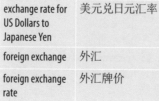

Krone	克朗	kèlǎng
Peso	比索	bǐsuǒ
Pound	磅	bàng
Dinar	第纳尔	dì nà ěr
Shilling	先令	xiān lìng
Dirham	迪拉姆	dí lā mǔ
Rial	里亚尔	Lǐ yǎ ěr
Dong	盾	dùn

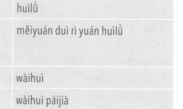

exchange rate	汇率	huìlù
exchange rate for US Dollars to Japanese Yen	美元兑日元汇率	měiyuán duì rì yuán huìlǜ
foreign exchange	外汇	wàihuì
foreign exchange rate	外汇牌价	wàihuì páijià

 PEOPLE

a middle-aged man
一名中年男子
yī míng zhōng nián nánzǐ

an old man
一位老人
yī wèi lǎorén

a young man
一个年轻人
yīgè niánqīng rén

a young woman
一名年轻女子
yī míng niánqīng nǚzǐ

baby
宝宝
bǎobǎo

a teenage boy
一个青少年
yīgè qīngshàonián

a young boy
一个年轻的男孩
yīgè niánqīng de nánhái

a teenage girl
一名少女
yī míng shàonǚ

teenager	青少年	qīngshàonián
a young girl	一名年轻女孩	yī míng niánqīng nǚhái
a seven-year-old girl	一个七岁的女孩	yīgè qī suì de nǚhái
young	年轻	niánqīng
middle-aged	中年	zhōng nián
old	老	lǎo
adult	成人	chéngrén
She is forty years old.	她四十岁	tā sìshí suì
She is in her thirties.	她三十几岁	tā sānshí jǐ suì
She is about twenty.	她大约二十岁	tā dàyuē èrshí suì
child	儿童	értóng
a little boy	一个小男孩	yīgè xiǎo nánhái
a little girl	一个小女孩	yīgè xiǎo nǚhái
He is six years old.	他六岁	tā liù suì

a beautiful girl
一个美丽的女孩
yīgè měilì de nǚhái

a pretty woman
一个漂亮的女人
yīgè piàoliang de nǚrén

a handsome man
一个英俊的男人
yīgè yīngjùn de nánrén

attractive	有吸引力	yǒu xīyǐn lì	dirty	脏	zàng
beautiful	美丽	měilì	elegant	优雅	yōuyǎ
cute	可爱	kě'ài	pretty	漂亮	piàoliang
handsome	英俊	yīngjùn	fashionable	时髦	shímáo
ugly	丑陋	chǒulòu	neat	整洁	zhěngjié
unattractive	没有吸引力	méiyǒu xīyǐn lì	poorly dressed	衣着不佳	yīzhuó bù jiā
casually dressed	穿着随便	chuānzhuó suíbiàn	untidy	凌乱的	língluàn de
			well-dressed	衣着讲究	yīzhuó jiǎngjiù

She is taller than him.	她比他高	tā bǐ tā gāo
He isn't as tall as her.	他不像她那么高	tā bù xiàng tā nàme gāo
She is of average height.	她的身高一般	tā de shēngāo yībān

very tall
非常高
fēicháng gāo

tall
高
gāo

quite tall
很高
hěn gāo

not very tall
不是很高
bùshì hěn gāo

short
矮
ǎi

thin 瘦 shòu	**slim** 苗条 miáotiáo	**plump** 丰满 fēngmǎn	**fat** 肥胖的 féipàng de

slender	苗条	miáotiáo
skinny	瘦	shòu
obese	肥胖	féipàng
underweight	体重过轻	tǐzhòngguò qīng
overweight	超重	chāozhòng
She is overweight / underweight.	她超重/体重不足	tā chāozhòng/tǐzhòng bùzú
to lose weight	减肥	jiǎnféi

grey
灰色
huīsè

red
红色
hóngsè

dark
深色
shēn sè

black
黑色
hēisè

blond
金发
jīnfǎ

light
淡色的
dànsè de

chestnut
栗色的
lìsè de

brown
棕色
zōngsè

straight
直发
zhí fā

curly
卷曲
juǎnqū

wavy
波浪式的
bōlàng shì de

thick
厚
hòu

bald
秃
tū

long
长
chǎng

short
短
duǎn

shoulder-length
及肩
jí jiān

medium-length
中等长度
zhōngděng chángdù

a brunette	黑发	hēi fǎ
a redhead	一个红发者	yīgè hóng fā zhě
a blonde	金发女郎	jīnfǎ nǚláng
a dark-haired woman	一个黑发女郎	yīgè hēi fǎ nǚrén
He has long dark hair.	他有黑色长发	tā yǒu juǎnfǎ
He has curly hair.	他有卷发	tā yǒu juǎnfǎ
He is bald.	他秃头	tā tūtóu

eyebrows	eyelashes
眉毛	睫毛
méimáo	jiémáo

glasses
眼镜
yǎnjìng

sunglasses
太阳眼镜
tàiyáng yǎnjìng

blue	蓝色	lán sè
grey	灰色	huīsè
green	绿色	lǜsè
brown	棕色	zōngsè
dark	黑色	hēisè
light	浅色	qiǎn sè

short sighted	近视的	jìnshì de
blind	盲	máng
She wears glasses.	她戴眼镜	tā dài yǎnjìng
She has blue eyes.	她有一对蓝眼睛	tā yǒuyī duì lán yǎnjīng
His eyes are dark brown.	他的眼睛是深褐色的	tā de yǎnjīng shì shēn hésè de

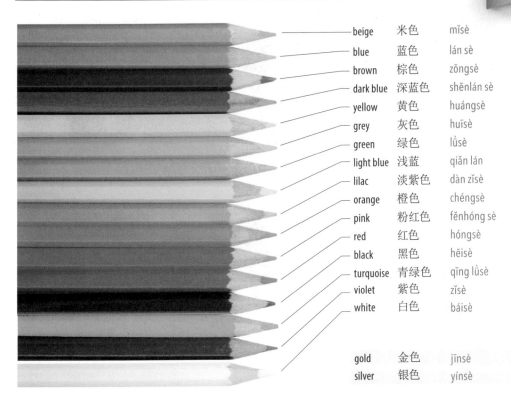

beige	米色	mǐsè
blue	蓝色	lán sè
brown	棕色	zōngsè
dark blue	深蓝色	shēnlán sè
yellow	黄色	huángsè
grey	灰色	huīsè
green	绿色	lǜsè
light blue	浅蓝	qiǎn lán
lilac	淡紫色	dàn zǐsè
orange	橙色	chéngsè
pink	粉红色	fěnhóng sè
red	红色	hóngsè
black	黑色	hēisè
turquoise	青绿色	qīng lǜsè
violet	紫色	zǐsè
white	白色	báisè
gold	金色	jīnsè
silver	银色	yínsè

positive
积极的
jījí de

stubborn
倔强
juéjiàng

lucky
幸运
xìngyùn

dreamer
梦想家
mèngxiǎng jiā

visionary
幻想家
huànxiǎng jiā

funny
有趣的
yǒuqù de

talkative
健谈的
jiàntán de

energetic
有活力的
yǒu huólì de

negative
消极的
xiāojí de

creative	有创造力的	yǒu chuàngzào lì de
adventurous	爱冒险的	ài màoxiǎn de
kind	和蔼的	hé'ǎi de
calm	冷静的	lěngjìng de
caring	关爱的	guān'ài de
punctual	准时的	zhǔnshí de
crazy	疯狂的	fēngkuáng de
liar	说谎者	shuōhuǎng zhě
frank	坦白的	tǎnbái de
strong	强壮的	qiángzhuàng de

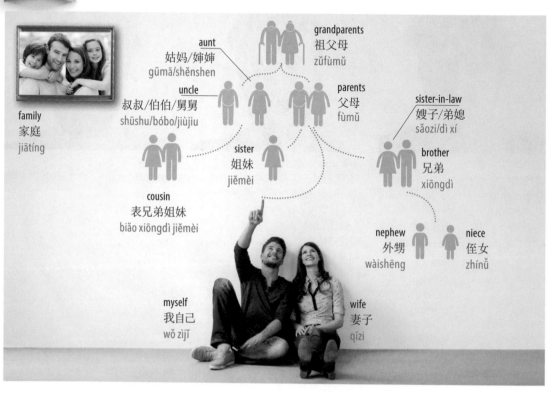

aunt
姑妈/婶婶
gūmā/shěnshen

grandparents
祖父母
zǔfùmǔ

uncle
叔叔/伯伯/舅舅
shūshu/bóbo/jiùjiu

parents
父母
fùmǔ

sister-in-law
嫂子/弟媳
sǎozi/dì xí

family
家庭
jiātíng

sister
姐妹
jiěmèi

brother
兄弟
xiōngdì

cousin
表兄弟姐妹
biǎo xiōngdì jiěmèi

nephew
外甥
wàishēng

niece
侄女
zhínǚ

myself
我自己
wǒ zìjǐ

wife
妻子
qīzi

grandchildren	孙子女	sūn zǐnǚ
daughter	女儿	nǚ'ér
father	父亲	fùqīn
father-in-law	岳父/公公	yuèfù/gōnggōng
grandchild	孙子女	sūn zǐnǚ
granddaughter	孙女	sūnnǚ
grandfather	祖父/爷爷	zǔfù/yéyé
grandmother	祖母/奶奶	zǔmǔ/nǎinai
grandson	孙子	sūnzi
great-grandparents	曾祖父母	zēng zǔfùmǔ
husband	丈夫	zhàngfū
mother	母亲	mǔqīn
mother-in-law	岳母/婆婆	yuèmǔ/pópo
son	儿子	érzi
twin brother	双胞胎兄弟	shuāngbāotāi xiōngdì
brother-in-law	姐夫/妹夫/大伯/小叔	jiěfū/mèifū/dàbó/xiǎo shū

02

single child
独生子女
dúshēngzǐnǚ

family with two children
有两个孩子的家庭
yǒu liǎng gè háizi de jiātíng

big family
大家庭
dà jiātíng

childless
无子女
wú zǐ nǚ

single father
单身父亲
dānshēn fùqīn

single mother
单身母亲
dānshēn mǔqīn

adoption
收养
shōuyǎng

orphan
孤儿
gū'ér

widow
寡妇
guǎfù

stepfather	继父	jìfù
stepmother	继母	jìmǔ
to be pregnant	怀孕	huáiyùn
to expect a baby	要生孩子	yào shēng háizi
to give birth to	生育	shēngyù
born	出生	chūshēng
to baptise	洗礼	xǐlǐ
to raise	养育	yǎngyù

to be engaged	已订婚的	yǐ dìnghūn de
to marry	结婚	jiéhūn
to be married to	与···结婚	yǔ... jiéhūn
divorced	离婚	líhūn
widowed	丧偶	sàng'ǒu
widower	鳏夫	guānfū
to die	死	sǐ

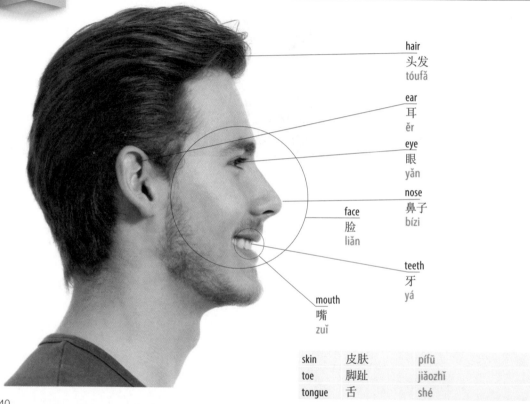

hair
头发
tóufǎ

ear
耳
ěr

eye
眼
yǎn

nose
鼻子
bízi

face
脸
liǎn

teeth
牙
yá

mouth
嘴
zuǐ

skin	皮肤	pífū
toe	脚趾	jiǎozhǐ
tongue	舌	shé

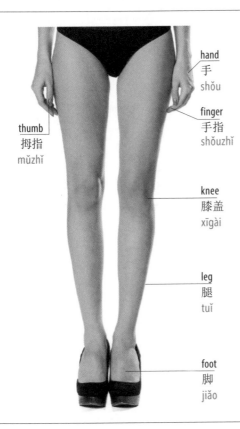

hand
手
shǒu

finger
手指
shǒuzhǐ

thumb
拇指
mǔzhǐ

knee
膝盖
xīgài

leg
腿
tuǐ

foot
脚
jiǎo

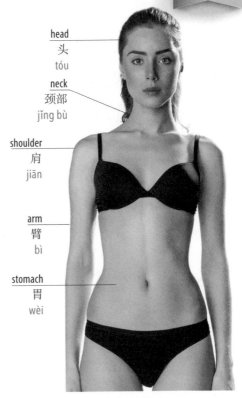

head
头
tóu

neck
颈部
jǐng bù

shoulder
肩
jiān

arm
臂
bì

stomach
胃
wèi

angry
愤怒
fènnù

annoyed
懊恼
àonǎo

ashamed
羞愧
xiūkuì

betrayed
背叛
bèipàn

confused
困惑的
kùnhuò de

confident
自信的
zìxìn de

cheated
被骗
bèi piàn

depressed
抑郁的
yìyù de

delighted
欣喜的
xīnxǐ de

disappointed
失望
shīwàng

excited
兴奋
xīngfèn

embarrassed
尴尬的
gāngà de

furious
狂怒的
kuángnù de

frightened
受惊的
shòujīng de

happy
快乐
kuàilè

horrified
惊骇的
jīnghài de

irritated
恼怒的
nǎonù de

intrigued
好奇的
hàoqí de

jealous
嫉妒的
jídù de

lazy
懒
lǎn

lucky
幸运的
xìngyùn de

relaxed
轻松
qīngsōng

sad
悲伤的
bēishāng de

stressed
有压力的
yǒu yālì de

terrified
受惊吓的
shòu jīngxià de

upset
烦乱
fánluàn

unhappy
不快乐
bù kuàilè

hobby	My hobby is …	我的爱好是…	wǒ de àihào shì…
爱好	Are you interested in …?	你对…有兴趣吗?	nǐ duì… yǒu xìngqù ma?
àihào			

baking
烘焙
hōngbèi

coin collecting
钱币收集
qiánbì shōují

woodworking
木工
mùgōng

stamp collecting
集邮
jíyóu

cooking
烹饪
pēngrèn

dance
跳舞
tiàowǔ

drawing
画画
huà huà

reading
阅读
yuèdú

jewellery making
珠宝制作
zhūbǎo zhìzuò

knitting
编织
biānzhī

painting
绘画
huìhuà

sewing
缝纫
féngrèn

badminton
羽毛球
yǔmáoqiú

bowling
保龄球
bǎolíngqiú

boxing
拳击
quánjí

chess
国际象棋
guójì xiàngqí

cycling
自行车运动
zìxíngchē yùndòng

darts
飞镖
fēibiāo

diving
潜水
qiánshuǐ

fishing
钓鱼
diàoyú

football
足球
zúqiú

orienteering
定向越野赛
dìngxiàng yuèyě sài

gymnastics
体操
tǐcāo

handball
手球
shǒuqiú

jogging
慢跑
mànpǎo

kayaking
皮划艇
pí huá tǐng

martial arts
武术
wǔshù

mountain biking
骑登山自行车
qí dēngshān zìxíngchē

paintball
彩弹
cǎi dàn

photography
摄影
shèyǐng

rock climbing
攀岩
pānyán

running
跑步
pǎobù

sailing
帆船运动
fānchuán yùndòng

surfing
冲浪
chōnglàng

swimming
游泳
yóuyǒng

table tennis
乒乓球
pīngpāng qiú

travel
旅行
lǚxíng

tennis
网球
wǎngqiú

yoga
瑜伽
yújiā

| I like to swim. | 我喜欢游泳。 | wǒ xǐhuān yóuyǒng |
| What activities do you like to do? | 你喜欢做什么活动？ | nǐ xǐhuān zuò shénme huódòng |

to get up
起床
qǐchuáng

to take a shower
淋浴
línyù

to brush your teeth
刷牙
shuāyá

to floss your teeth
用牙线清洁牙齿
yòng yá xiàn qīngjié yáchǐ

to shave
刮胡子
guā húzi

to brush your hair
梳你的头发
shū nǐ de tóufǎ

to put on makeup
化妆
huàzhuāng

to get dressed
穿衣服
chuān yīfú

to get undressed
脱衣服
tuō yīfú

to take a bath
洗澡
xǐzǎo

to go to bed
去睡觉
qù shuìjiào

to sleep
睡觉
shuìjiào

Valentine's Day
情人节
qíngrén jié

graduation
毕业
bìyè

Easter
复活节
fùhuó jié

engagement
订婚
dìnghūn

marriage
结婚
jiéhūn

bride
新娘
xīnniáng

Christmas
圣诞节
shèngdàn jié

Santa Claus / Father Christmas
圣诞老人
shèngdàn lǎorén

candle
蜡烛
làzhú

decoration
装饰
zhuāngshì

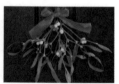

mistletoe
槲寄生
hú jìshēng

present / gift
礼物
lǐwù

champagne
香槟酒
xiāngbīnjiǔ

fireworks
烟火
yānhuǒ

Advent calendar
降临历
jiànglín lì

party
派对
pàiduì

birthday
生日
shēngrì

ceremony
仪式
yíshì

wedding ring
结婚戒指
jiéhūn jièzhǐ

decorated eggs
彩蛋
cǎidàn

Easter Bunny
复活节兔子
fùhuó jié tùzǐ

New Year	新年	xīnnián
Happy New Year!	新年快乐!	xīnnián kuàilè!
Happy Birthday!	生日快乐!	shēngrì kuàilè!
All the best!	祝一切顺利!	zhù yīqiè shùnlì!

Congratulations!	恭喜!	gōngxǐ!
Good luck!	祝你好运!	zhù nǐ hǎo yùn!
Merry Christmas!	圣诞节快乐!	shèngdàn jié kuàilè!
Happy Easter!	复活节快乐!	fùhuó jié kuàilè!

Christianity
基督教
jīdūjiào

Confucianism
儒教
rújiào

Jainism
耆那教
qí nà jiào

Islam
伊斯兰教
yīsīlán jiào

Buddhism
佛教
fójiào

Judaism
犹太教
yóutàijiào

Hinduism
印度教
yìndùjiào

Taoism
道教
dàojiào

Sikhism
锡克教
xí kè jiào

to confess	忏悔	chànhuǐ
without religious confession	没有宗教信仰	méiyǒu zōngjiào xìnyǎng
to believe in God	相信上帝	xiāngxìn shàngdì
to have faith	有信仰	yǒu xìnyǎng
to pray	祈祷	qídǎo

HOME & HOUSEKEEPING

house
房子
fángzi

flat
公寓
gōngyù

block of flats
公寓楼
gōngyù lóu

duplex / two-storey house
双层/两层楼的房子
shuāng céng/liǎng céng lóu de fángzi

detached house
独立式房屋
dúlì shì fángwū

co-ownership
共同所有权
gòngtóng suǒyǒuquán

houseboat
船屋
chuánwū

caravan
活动房车
huódòng fángchē

farm
农场
nóngchǎng

flatshare
:合租房子
Hézū fáng zi

Where do you live?	你住在哪里?	nǐ zhù zài nǎlǐ?
I live in a flatshare.	我住在平房	wǒ zhù zài píngfáng
I live with my parents.	我和我的父母住在一起	wǒ hé wǒ de fùmǔ zhù zài yīqǐ

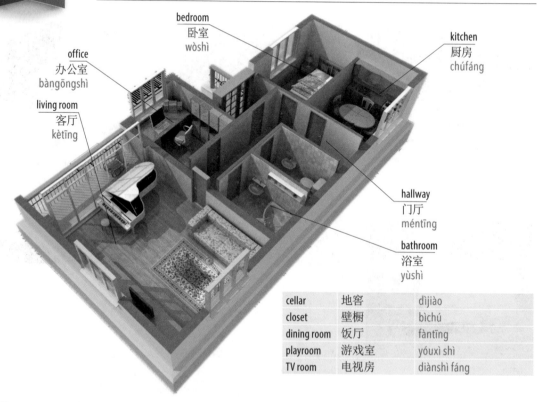

bedroom
卧室
wòshì

kitchen
厨房
chúfáng

office
办公室
bàngōngshì

living room
客厅
kètīng

hallway
门厅
méntīng

bathroom
浴室
yùshì

cellar	地窖	dìjiào
closet	壁橱	bìchú
dining room	饭厅	fàntīng
playroom	游戏室	yóuxì shì
TV room	电视房	diànshì fáng

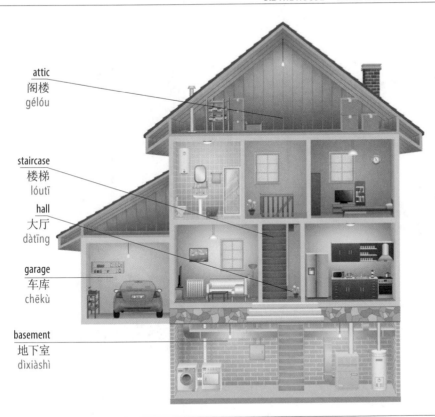

attic
阁楼
gélóu

staircase
楼梯
lóutī

hall
大厅
dàtīng

garage
车库
chēkù

basement
地下室
dìxiàshì

porch
门廊
ménláng

patio
天井
tiānjǐng

workshop
作坊
zuòfāng

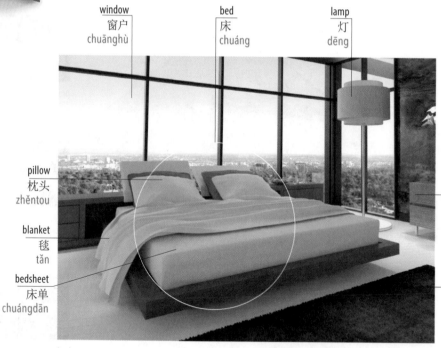

window
窗户
chuānghù

bed
床
chuáng

lamp
灯
dēng

pillow
枕头
zhěntou

blanket
毯
tǎn

bedsheet
床单
chuángdān

chest of drawers
五斗橱
wǔdǒu chú

carpet
地毯
dìtǎn

bedroom
卧室
wòshì

bed linen   床上用品   chuángshàng yòngpǐn

bathroom
浴室
yùshì

toilet
厕所
cèsuǒ

bidet
坐浴盆
zuò yùpén

mirror
镜子
jìngzi

shower
淋浴
línyù

tap
龙头
lóngtóu

bath towel
浴巾
yùjīn

wash basin
脸盆
liǎn pén

bath
沐浴
mùyù

flush
冲洗
chōngxǐ

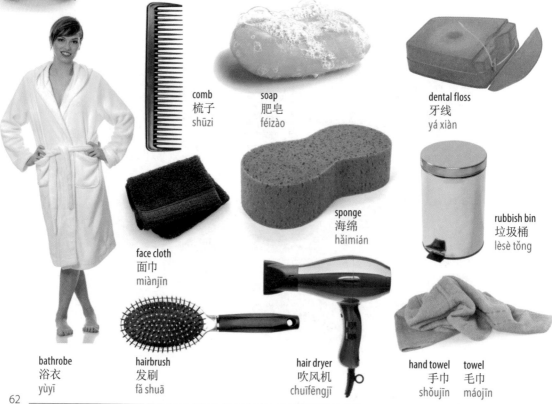

comb
梳子
shūzi

soap
肥皂
féizào

dental floss
牙线
yá xiàn

sponge
海绵
hǎimián

rubbish bin
垃圾桶
lèsè tǒng

face cloth
面巾
miànjīn

bathrobe
浴衣
yùyī

hairbrush
发刷
fà shuā

hair dryer
吹风机
chuīfēngjī

hand towel
手巾
shǒujīn

towel
毛巾
máojīn

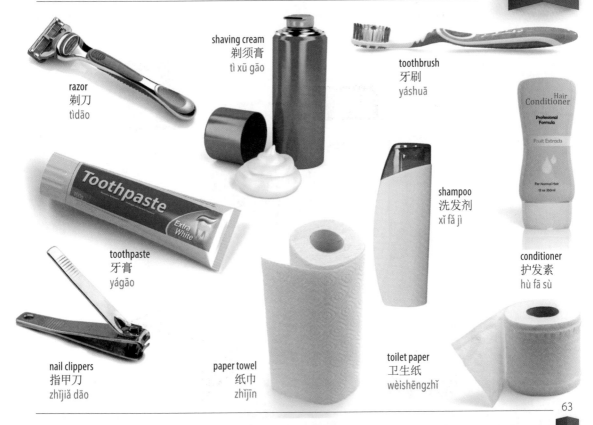

razor
剃刀
tìdāo

shaving cream
剃须膏
tì xū gāo

toothbrush
牙刷
yáshuā

Hair Conditioner
Professional Formula
Fruit Extracts
For Normal Hair
12 oz 350ml

shampoo
洗发剂
xǐ fǎ jì

conditioner
护发素
hù fā sù

Toothpaste
Extra White

toothpaste
牙膏
yágāo

nail clippers
指甲刀
zhǐjiǎ dāo

paper towel
纸巾
zhǐjīn

toilet paper
卫生纸
wèishēngzhǐ

fridge
冰箱
bīngxiāng

microwave
微波炉
wéibōlú

stove
火炉
huǒlú

coffee machine
咖啡机
kāfēi jī

freezer
冷冻室
ěngdòng shì

dishwasher
洗碗机
xǐ wǎn jī

washing machine
洗衣机
xǐyījī

oven
烤箱
kǎoxiāng

kettle
水壶
shuǐhú

toaster
烤面包机
kǎo miànbāo jī

cookery book
食谱
shípǔ

dishcloth
抹布
mābù

draining board
排水板
páishuǐ bǎn

kitchen roll
厨房卷纸
chúfáng juǎn zhǐ

plug
插头
chātóu

tea towel
茶巾
chájīn

shelf
架子
jiàzi

sink
水槽
shuǐcáo

tablecloth
桌布
zhuōbù

bottle opener
开瓶器
kāi píng qì

chopping board
切菜板
qiē cài bǎn

colander
滤器
lǜqì

juicer
榨汁机
zhà zhī jī

frying pan
平底锅
píngdǐ guō

grater
擦菜板
cā cài bǎn

corkscrew
螺丝锥
luósī zhuī

kitchen scales
厨房秤
chúfáng chèng

mixing bowl
搅拌盆
jiǎobàn pén

sieve
筛子
shāizi

saucepan
平底深锅
píngdǐ shēn guō

whisk
搅拌器
jiǎobàn qì

tin opener
开罐器
kāi guàn qì

washing-up liquid
洗涤液
xǐdí yè

to do the dishes / to do the washing up	做菜/洗碗	zuò cài/xǐ wǎn
to do the washing	清洗	qīngxǐ
to clear the table	收拾桌子	shōushí zhuōzi
to set the table	摆桌子	bǎi zhuōzi

cutlery	餐具	cānjù
dessert spoon	点心匙	diǎnxīn shi
soup spoon	汤匙	tāngchí
spoon	匙	chí

tablespoon
大汤匙
dà tāngchí

fork
叉子
chāzi

knife
刀
dāo

teaspoon
茶匙
cháchí

coffee spoon
咖啡匙
kāfēi chí

plate
盘子
pánzi

mug
马克杯
mǎkè bēi

sugar dispenser
磨糖粉机
mó táng fěn jī

jug
壶
Hú

saucer
茶托
chátuō

wine glass
葡萄酒杯
pútáojiǔ bēi

teapot
茶壶
cháhú

cup
杯子
bēizi

bowl
碗
wǎn

jar
罐
guàn

| crockery | 陶器 | táoqì |
| glass | 玻璃 | bōlí |

armchair
扶手椅
fúshǒu yǐ

sofa
沙发
shāfā

lampshade
灯罩
dēngzhào

lamp
灯
dēng

vase
花瓶
huāpíng

rug
地毯
dìtǎn

bookcase
书柜
shūguì

picture
图片
túpiàn

shelf
架子
jiàzi

table
桌子
zhuōzi

plant
植物
zhíwù

chair
椅子
yǐzi

I can relax here.	我可以在这里放松。	wǒ kěyǐ zài zhèlǐ fàngsōng
Do you watch TV often?	你经常看电视吗?	nǐ jīngcháng kàn diànshì ma?
What is the size of the living room?	起居室的大小是多少?	qǐ jūshì de dàxiǎo shì duōshǎo?

hair dryer
吹风机
chuīfēngjī

iron
熨斗
yùndǒu

radio
收音机
shōuyīnjī

washing machine
洗衣机
xǐyījī

television
电视
diànshì

telephone
电话
diànhuà

cooker
炊具
chuījù

vacuum cleaner
吸尘器
xīchénqì

mobile
移动电话
yídòng diànhuà

microwave
微波炉
wéibōlú

coffee grinder
咖啡研磨机
kāfēi yánmó jī

sewing machine
缝纫机
féngrènjī

kettle
水壶
shuǐhú

refrigerator
冰箱
bīngxiāng

razor
剃刀
tìdāo

blender
搅拌机
jiǎobànjī

mixer
混合器
hùnhé qì

gas stove
煤气炉
méiqì lú

juicer
榨汁机
zhà zhī jī

to clean up
清理
qīnglǐ

to dust
扫除灰尘
sǎochú huīchén

to vacuum
吸尘
xī chén

to clean the windows
清洁窗户
qīngjié chuānghù

to clean the floor
清洁地板
qīngjié dìbǎn

to do the washing/laundry
洗衣服
xǐ yīfú

to do the dishes
洗碗碟
xǐ wǎn dié

to make the bed
铺床
pūchuáng

to hang up the laundry
晾衣服
liàng yīfú

to iron
熨衣服
yùn yīfú

bucket
桶
tǒng

dust cloth
除尘布
chúchén bù

feather duster
毛掸子
máo dǎnzi

dustpan
簸箕
bòji

mop
拖把
tuōbǎ

broom
扫帚
sàozhǒu

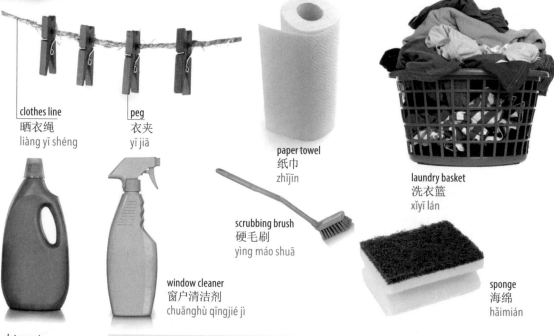

clothes line
晒衣绳
liàng yī shéng

peg
衣夹
yī jiā

paper towel
纸巾
zhǐjīn

laundry basket
洗衣篮
xǐyī lán

scrubbing brush
硬毛刷
yìng máo shuā

window cleaner
窗户清洁剂
chuānghù qīngjié jì

sponge
海绵
hǎimián

detergent
洗涤剂
xǐdí jì

We have to clean up.	我们必须清理。	wǒmen bìxū qīnglǐ
The flat is already clean.	公寓已经干净了。	gōngyù yǐjīng gānjìngle
Who does the cleaning?	谁打扫？	shéi dǎsǎo?

LESSONS

 SCHOOL

white board	白板	báibǎn
clock	时钟	shízhōng
chair	椅子	yǐzi
teacher	老师	lǎoshī
student	学生	xuéshēng
book	书	shū
tablet	平板电脑	píngbǎn diànnǎo
table	桌子	zhuōzi
calculator	计算器	jìsuàn qì

to go to school	上学	shàngxué
to study	学习	xuéxí
to learn	学习	xuéxí
to do homework	做功课	zuò gōngkè
to know	知道	zhīdào
to take an exam	参加考试	cānjiā kǎoshì
to pass	通过	tōngguò

marks	分数	fēnshù
an oral exam	口试	kǒushì
a written exam	笔试	bǐshì
to prepare for an exam	准备考试	zhǔnbèi kǎoshì
to repeat a year	留班	liú bān

Languages
语言
yǔyán

Spanish
西班牙语
xībānyá yǔ

German
德语
déyǔ

English
英语
yīngyǔ

French
法语
fǎyǔ

Art
美术
měishù

Geography
地理
dìlǐ

Music
音乐
yīnyuè

History
历史
lìshǐ

Chemistry
化学
huàxué

Biology
生物
shēngwù

Mathematics
数学
shùxué

Physical education
体育
tǐyù

scissors
剪刀
jiǎndāo

globe
地球仪
dìqiúyí

school bag
书包
shūbāo

pen
笔
bǐ

notebook
笔记本
bǐjìběn

pencil case
铅笔盒
qiānbǐ hé

ruler
尺
chǐ

pencil
铅笔
qiānbǐ

pencil sharpener
卷笔刀
jiǎndāo

rubber
橡皮
xiàngpí

highlighter
荧光笔
yíngguāng bǐ

book
书
shū

colouring pen
着色笔
zhuósè bǐ

stapler
订书机
dìng shū jī

 WORK

job interview
工作面试
gōngzuò miànshì

recruiter
招聘
zhāopìn

candidate
候选人
hòuxuǎn rén

application letter
申请函
shēnqǐng hán

CV
简历
jiǎnlì

gross	总收入	zǒng shōurù		interview	面试	miànshì
net	纯收入	chún shōurù		job	工作	gōngzuò
job advertisement	招聘广告	zhāopìn guǎnggào		salary	薪水	xīnshuǐ
application	申请书	shēnqǐng shū		vacancy	空缺	kòngquē
company	公司	gōngsī		work	工作	gōngzuò
education	教育	jiàoyù		to hire	聘请	pìnqǐng

experience	经验	jīngyàn
to apply for	申请…	shēnqǐng…
assessment	评定	píngdìng
bonus	奖金	jiǎngjīn
employer	雇主	gùzhǔ
to fire	解雇	jiěgù
fringe benefits	附加福利	fùjiā fúlì
maternity leave	产假	chǎnjià
notice	注意	zhùyì
staff	员工	yuángōng
human resource officer	人力资源干事	rénlì zīyuán gànshi
promotion	晋升	jìnshēng
prospects	前途	qiántú
to resign	辞职	cízhí
to retire	退休	tuìxiū
sick leave	病假	bìngjià
strike	罢工	bàgōng
trainee	实习生	shíxí shēng
training course	培训课程	péixùn kèchéng
unemployment benefits	失业救济金	shīyè jiùjì jīn
workplace	职场	zhíchǎng

employee
雇员
gùyuán

actor
演员
yǎnyuán

baker
面包师傅
miànbāo shīfù

banker
银行家
yínháng jiā

butcher
屠夫
túfū

carpenter
木匠
mùjiàng

chef
厨师
chúshī

doctor
医生
yīshēng

farmer
农民
nóngmín

fisherman
渔民
yúmín

firefighter
消防队员
xiāofáng duìyuán

musician
音乐家
yīnyuè jiā

lawyer
律师
lùshī

nurse
护士
hùshì

pilot
飞行员
fēixíngyuán

policeman
警察
jǐngchá

coach
教练
jiàoliàn

sailor
水手
shuǐshǒu

soldier
士兵
shìbīng

teacher
老师
lǎoshī

judge
法官
fǎguān

tailor
裁缝
cáiféng

veterinarian
兽医
shòuyī

waiter
服务员
fúwùyuán

mechanic
技工
jìgōng

accountant	会计	kuàijì
barber	理发师	lǐfà shī
beautician	美容师	měiróng shī
broker	经纪人	jīngjì rén
driver	司机	sījī
craftsman	工匠	gōngjiàng
dentist	牙医	yáyī
engineer	工程师	gōngchéngshī
pharmacist	药剂师	yàojì shī
writer	作家	zuòjiā
politician	政治家	zhèngzhì jiā
professor	教授	jiàoshòu
salesman	推销员	tuīxiāo yuán
shoemaker	鞋匠	xiéjiàng
watchmaker	钟表匠	zhōngbiǎo jiàng
What's your occupation?	你的职业是什么?	nǐ de zhíyè shì shénme?
I work as a secretary.	我是一名秘书。	wǒ shì yī míng mìshū
I am a teacher.	我是老师。	wǒ shì lǎoshī

desk
桌子
zhuōzi

office
办公室
bàngōngshì

computer
电脑
diànnǎo

drawer
抽屉
chōutì

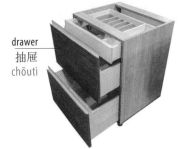

printer
打印机
dǎyìnjī

filing cabinet
文件柜
wénjiàn guì

rubber stamp
橡皮图章
xiàngpí túzhāng

telephone
电话
diànhuà

ink pad
印台
yìntái

bin
垃圾箱
lèsè xiāng

swivel chair
旋转椅
xuán zhuàn yǐ

keyboard
键盘
jiànpán

clipboard	剪贴板	jiǎntiē bǎn
file	文件	wénjiàn
in-tray	收文盘	shōuwén pán
to photocopy	复印	fùyìn
to print	打印	dǎyìn

bulldog clip
弹簧夹
tánhuáng jiā

calculator
计算器
jìsuàn qì

correction tape
修正带
xiūzhèng dài

envelope
信封
xìnfēng

laptop
笔记本电脑
bǐjìběn diànnǎo

highlighter
荧光笔
yíngguāng bǐ

letterhead
信笺
xìn jiān

holepunch
打孔器
dǎ kǒng qì

elastic bands
松紧带
sōngjǐndài

notepad
jìshì běn

pen
笔
bǐ

pencil sharpener
卷笔刀
juàn bǐ dāo

paper clip
回形针
huíxíngzhēn

personal organiser
个人记事本
gè rén jì shì běn

pencil
铅笔
qiānbǐ

sticky tape
胶带
jiāodài

stapler
订书机
dìng shū jī

staples
订书针
dìng shū zhēn

 FOOD AND DRINK

apple juice
苹果汁
píngguǒ zhī

grapefruit juice
葡萄柚汁
pútáo yòu zhī

orange juice
橙汁
chéngzhī

tomato juice
番茄汁
fānqié zhī

coffee
咖啡
kāfēi

milk
牛奶
niúnǎi

tea
茶
chá

with lemon
加柠檬
jiā níngméng

water
水
shuǐ

| with milk | 加牛奶 | jiā niúnǎi | decaffeinated | 脱咖啡因的 | tuō kāfēi yīn de |
| black | 黑色 | hēisè | fruit juice | 果汁 | guǒzhī |

bacon
培根
péigēn

banana
香蕉
xiāngjiāo

berries
浆果
jiāngguǒ

biscuit
饼干
bǐnggān

blueberries
蓝莓
lánméi

bread
面包
miànbāo

jam
果酱
guǒjiàng

butter
huángyóu

cereal
谷类食物
gǔlèi shíwù

cheese
奶酪
nǎilào

cottage cheese
白软干酪
bái ruǎn gānlào

doughnut
甜甜圈
tián tián quān

egg
蛋
dàn

ham
火腿
huǒtuǐ

honey
蜂蜜
fēngmì

marmalade
果酱
guǒjiàng

omelette
煎蛋卷
jiān dàn juǎn

pancake
煎薄饼
jiān báobǐng

peanut butter
花生酱
huāshēngjiàng

sandwich
三明治
sānmíngzhì

sausage
香肠
xiāngcháng

toast
烤面包
kǎo miànbāo

waffle
华夫饼
huá fū bǐng

yoghurt
酸奶
suānnǎi

breakfast
早餐
zǎocān

brunch
早午餐
zǎo wǔcān

porridge
粥
zhōu

scrambled eggs
炒鸡蛋
chǎo jīdàn

hard-boiled egg
shuǐ zhǔ dàn

soft-boiled egg
半熟蛋
bànshú dàn

What do you eat for breakfast?	你早餐吃什么？	nǐ zǎocān chī shénme?
When do you have breakfast?	你什么时候吃早餐？	nǐ shénme shíhòu chī zǎocān?
When does breakfast start?	早餐时候开始？	zǎocān shénme shíhòu kāishǐ?
What would you like to drink?	你想喝点什么？	nǐ xiǎng hē diǎn shénme?
I would like a white tea.	我想要一杯白茶。	wǒ xiǎng yào yībēi báichá

bacon
培根
péigēn

beef
牛肉
niúròu

chicken
鸡肉
jīròu

duck
鸭
yā

ham
火腿
huǒtuǐ

kidneys
肾脏
shènzàng

lamb
羊肉
yángròu

liver
肝
gān

mince
绞肉
jiǎo ròu

pâté
肉酱
ròu jiàng

salami
萨拉米
sà lā mǐ

meat
肉
ròu

rabbit
兔子
tùzǐ

pork
猪肉
zhūròu

sausage
香肠
xiāngcháng

turkey
火鸡
huǒ jī

veal
小牛肉
xiǎo niúròu

fruits
水果
shuǐguǒ

apple
苹果
píngguǒ

apricot
杏
xìng

banana
香蕉
xiāngjiāo

blackberry
黑莓
hēiméi

blackcurrant
黑加仑子
hēi jiālún zi

blueberry
蓝莓
lánméi

cherry
樱桃
yīngtáo

coconut
椰子
yēzi

fig
无花果
wúhuāguǒ

grape
葡萄
pútáo

grapefruit
葡萄柚
pútáo yòu

kiwi fruit
奇异果
qí yì guǒ

lemon
柠檬
níngméng

lime
青柠
qīng níng

mango
芒果
mángguǒ

melon
甜瓜
tiánguā

orange
橙子
chéngzi

peach
桃子
táozi

pear
梨
lí

lychee
荔枝
lìzhī

clementine
小柑橘
xiǎo gānjú

papaya
木瓜
mùguā

pineapple
菠萝
bōluó

watermelon
西瓜
xīguā

kumqvat
金橘
jīn jú

raspberry
覆盆子
fù pénzi

plum
李子
lǐzǐ

nectarine
yóu táo

persimmon
柿子
shìzi

redcurrant
红醋栗
hóng cù lì

rhubarb
大黄
dàhuáng

pomegranate
石榴
shíliú

strawberry
草莓
cǎoméi

passion fruit
百香果
bǎixiāng guǒ

vegetables
蔬菜
shūcài

artichoke
朝鲜蓟
cháoxiǎn jì

asparagus
芦笋
lúsǔn

avocado
鳄梨
è lí

beansprouts
豆芽
dòuyá

beetroot
甜菜根
tiáncài gēn

broccoli
西兰花
xī lánhuā

Brussels sprouts
孢子甘蓝
bào zǐ gānlán

cabbage
卷心菜
juǎnxīncài

aubergine
茄子
qiézi

carrot
胡萝卜
húluóbo

cauliflower
菜花
càihuā

celery
芹菜
qíncài

courgette
胡瓜
húguā

cucumber
黄瓜
huángguā

garlic
大蒜
dàsuàn

ginger
生姜
shēngjiāng

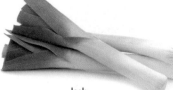

leek
葱
cōng

lettuce
生菜
shēngcài

mushroom
蘑菇
mógū

onion
洋葱
yángcōng

peas
豌豆
wāndòu

potato
土豆
tǔdòu

spinach
菠菜
bōcài

radish
小萝卜
xiǎo luóbo

pumpkin
南瓜
nánguā

spring onion
葱
cōng

sweetcorn
甜玉米
tián yùmǐ

tomato
番茄
fānqié

red pepper
辣椒
làjiāo

green beans
青豆
qīngdòu

chicory
菊苣根
jújù gēn

turnip
芜菁
wú jīng

cuttlefish
乌贼
wūzéi

haddock
黑线鳕
hēi xiàn xuě

lemon sole
柠檬鳎
níngméng tǎ

halibut
比目鱼
bǐmùyú

mackerel
鲭鱼
qīng yú

monkfish
安康鱼
ānkāng yú

mussels
蚌
bàng

sardine
沙丁鱼
shādīngyú

sea bass
鲈鱼
lúyú

sea bream
鲷鱼
diāo yú

swordfish
旗鱼
qí yú

trout
鳟鱼
zūn yú

crab
螃蟹
pángxiè

crayfish
小龙虾
xiǎo lóngxiā

lobster
龙虾
lóngxiā

tuna
金枪鱼
jīnqiāngyú

octopus
章鱼
zhāngyú

oyster
牡蛎
mǔlì

prawn / shrimp
虾
xiā

scallop
扇贝
shànbèi

salmon
三文鱼
sānwènyú

squid
乌贼
wūzéi

fish	鱼	yú
cleaned	干净的	gānjìng de
fresh	新鲜的	xīnxiān de
frozen	冰冻的	bīngdòng de
salted	加盐的	jiā yán de
skinned	有皮的	yǒu pí de
smoked	熏制的	xūnzhì de

cheese
奶酪
nǎilào

cream
奶油
nǎiyóu

egg
蛋
dàn

milk
牛奶
niúnǎi

cottage cheese
白软干酪
bái ruǎn gānlào

blue cheese
蓝乳酪
lán rǔlào

butter
黄油
huángyóu

goat's cheese	山羊奶酪	shānyáng nǎilào	skimmed milk	脱脂牛奶	tuōzhī niúnǎi
margarine	人造黄油	rénzào huángyóu	sour cream	酸奶油	suānnǎi yóu
full-fat milk	全脂牛奶	quán zhī niúnǎi	yoghurt	酸奶	suānnǎi
semi-skimmed milk	半脱脂奶	bàn tuōzhī nǎi	crème fraîche	鲜奶油	xiān nǎiyóu

baguette
法国面包
fàguó miànbāo

bread rolls
面包卷
miànbāo juàn

brown bread
褐色面包
hésè miànbāo

cake
蛋糕
dàngāo

loaf
面包
miànbāo

white bread
白面包
bái miànbāo

garlic bread	大蒜面包	dàsuàn miànbāo	quiche	乳蛋饼	rǔ dàn bǐng
pastry	糕点	gāodiǎn	sliced loaf	切片面包	qiēpiàn miànbāo
pitta bread	塔饼	tǎ bǐng	sponge cake	海绵蛋糕	hǎimián dàngāo

ketchup
蕃茄酱
fānqié jiàng

mayonnaise
蛋黄酱
dànhuáng jiàng

mustard
芥末
jièmò

vinegar
醋
cù

salt
盐
yán

pepper
胡椒
hújiāo

basil	罗勒	luólè	paprika	辣椒	làjiāo
chilli powder	辣椒粉	làjiāo fěn	parsley	欧芹	ōu qín
chives	细香葱	xì xiāng cōng	rosemary	迷迭香	mí dié xiāng
cinnamon	肉桂	ròuguì	saffron	藏红花	zànghónghuā
coriander	香菜	xiāngcài	sage	鼠尾草	shǔ wěi cǎo
cumin	小茴香	xiǎo huíxiāng	salad dressing	沙拉酱	shālā jiàng
curry	咖喱	gālí	spices	香料	xiāngliào
dill	莳萝	shí luó	thyme	百里香	bǎilǐxiāng
nutmeg	肉豆蔻	ròu dòukòu	vinaigrette	油醋汁	yóu cù zhī

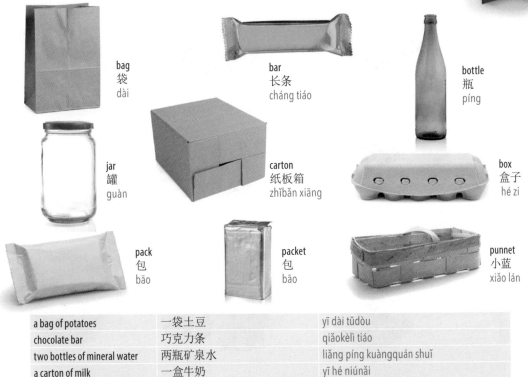

bag
袋
dài

bar
长条
cháng tiáo

bottle
瓶
píng

jar
罐
guàn

carton
纸板箱
zhǐbǎn xiāng

box
盒子
hé zi

pack
包
bāo

packet
包
bāo

punnet
小蓝
xiǎo lán

a bag of potatoes	一袋土豆	yī dài tǔdòu
chocolate bar	巧克力条	qiǎokèlì tiáo
two bottles of mineral water	两瓶矿泉水	liǎng píng kuàngquán shuǐ
a carton of milk	一盒牛奶	yī hé niúnǎi
a jar of jam	一罐果酱	yī guàn guǒjiàng

biscuit
饼干
bǐnggān

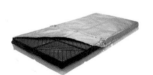

chocolate
巧克力
qiǎokèlì

chocolate cake
巧克力蛋糕
qiǎokèlì dàngāo

apple pie
苹果派
píngguǒ pài

doughnut
甜甜圈
tián tián quān

fruit cake
水果蛋糕
shuǐguǒ dàngāo

fruit salad
水果沙拉
shuǐguǒ shālā

cheesecake
乳酪蛋糕
rǔlào dàngāo

gingerbread
姜饼
jiāng bǐng

ice cream
冰淇淋
bīngqílín

muffin
松饼
sōng bǐng

chocolate mousse
巧克力慕斯
qiǎokèlì mù sī

milkshake
奶昔
nǎi xī

marshmallow
棉花糖
miánhuā táng

macaroon
马卡龙
mǎ kǎ lóng

waffle
华夫饼
huá fū bǐng

pancakes
薄煎饼
báo jiānbing

strudel
guǒ xiàn bǐng

pudding
布丁
bùdīng

honey
蜂蜜
fēngmì

cake	蛋糕	dàngāo
coconut cake	椰子蛋糕	yē zǐ dàngāo
dessert	甜点	tiándiǎn
frozen yoghurt	冷冻酸奶	lěngdòng suānnǎi
rice pudding	米布丁	mǐ bùdīng
I like to eat sweets.	我喜欢吃甜食。	wǒ xǐhuān chī tiánshí
I cannot eat anything sweet.	我完全不能吃甜食。	wǒ wánquán bùnéng chī tiánshí

cheeseburger
乳酪汉堡
rǔlào hànbǎo

hot dog
热狗
rè gǒu

fish sandwich
鱼三明治
yú sānmíngzhì

fried chicken
炸鸡
zhá jī

French fries
炸薯条
zhà shǔ tiáo

nachos
玉米片
yù mǐ piàn

taco
塔科
tǎ kē

burrito
墨西哥玉米煎饼
mòxīgē yùmǐ jiānbing

pizza
比萨饼
bǐsàbǐng

hamburger
汉堡包
hànbǎobāo

chicken sandwich
鸡肉三明治
jīròu sānmíngzhì

fish and chips
鱼和薯条
yú hé shǔ tiáo

to peel	剥皮	bāopí
to grate	磨碎	mó suì
to chop	切碎	qiē suì
to crush	压碎	yā suì
to beat	拍打	pāidǎ
to grease	涂油	tú yóu
to break	碎裂	suì liè
to stir	搅拌	jiǎobàn
to knead	揉捏	róu niē
to steam	蒸	zhēng
to weigh	称重	chēng zhòng
to add	添加	tiānjiā
to bake	烘培	hōng péi
to stir-fry	炒	chǎo
to grill	烧烤	shāokǎo
to roast	烤	kǎo
to barbecue	烧烤	shāokǎo
to fry	油煎	yóu jiān

to wash
洗
xǐ

to cut
切
qiè

to mix
混合
hùnhé

to boil
煮滚
zhǔ gǔn

bar
酒吧
jiǔbā

buffet
自助餐
zìzhùcān

bill
账单
zhàngdān

bistro
小餐馆
xiǎo cānguǎn

café
咖啡馆
kāfēi guǎn

dessert
甜点
tiándiǎn

menu
菜单
càidān

canteen
食堂
shítáng

pizzeria
比萨饼店
bǐsàbǐng diàn

pub
酒馆
jiǔguǎn

salad bar
沙拉台
shālā tái

deli
熟食店
shúshí diàn

self-service
自助服务
zìzhù fúwù

take-out / take-away
外卖
wàimài

à la carte	点菜	diǎn cài
starter	开胃菜	kāiwèi cài
booking	预定	yùdìng
complimentary	免费赠送的	miǎnfèi zèngsòng de
dish	菜	cài
main course	主菜	zhǔ cài
to order	点菜	diǎn cài
speciality	特色菜	tèsè cài
aperitif	开胃酒	kāiwèi jiǔ

waiter
服务员
fúwùyuán

waitress
女服务员
nǚ fúwùyuán

What do you want to order?	你想点什么？	nǐ xiǎng diǎn shénme?
I would like to see the menu.	我想看菜单。	wǒ xiǎng kàn càidān
We'll take the set menu.	我们要套餐。	wǒmen yào tàocān

TRAVEL AND LEISURE

to travel by bus
乘公交车旅行
chéng gōnggòng qìchē lǚxíng

to travel by plane
搭飞机旅行
dā fēijī lǚxíng

to travel by car
乘汽车旅行
chéng qìchē lǚxíng

to travel by bicycle
骑自行车旅行
qí zìxíngchē lǚxíng

to travel by motorcycle
骑摩托车旅行
qí mótuō chē lǚxíng

travel agency
旅行社
lǚxíngshè

family holiday
家庭度假
jiātíng dùjià

safari
考察野生动物之行
kǎo chá yě shēng dòng wù zhī xíng

honeymoon
度蜜月
dù mìyuè

beach holiday
海滩度假
hǎitān dùjià

round-the-world trip
环球旅行
huánqiú lǚxíng

cruise
乘船游览
chéng chuán yóulǎn

to book
预定
yùdìng

long-haul destination
长途目的地
chángtú mùdì de

guided tour
导游
dǎoyóu

out of season
过季
guò jì

picturesque village
风景如画的村庄
fēngjǐng rú huà de cūnzhuāng

landscape
风景
fēngjǐng

to go sightseeing
去观光
qù guānguāng

city break
城市游
chéngshì yóu

holiday brochure	假日手册	iàrì shǒucè
holiday destination	旅游目的地	lǚyóu mùdì de
package tour	包价旅游	bāo jià lǚyóu
places of interest	感兴趣的地方	gǎn xìngqù dì dìfāng
short break	短暂休息	duǎnzàn xiūxí
tourist attractions	旅游景点	lǚyóu jǐngdiǎn
tourist trap	黑店	hēidiàn

Afghanistan
阿富汗
āfùhàn

Angola
安哥拉
āngēlā

Aruba
阿鲁巴
ā lǔ bā

The Bahamas
巴哈马
bāhāmǎ

Belarus
白俄罗斯
bái'èluósī

Albania
阿尔巴尼亚
ā'ěrbāníyǎ

Antigua and Barbuda
安提瓜和巴布达
ān tí guā hé bā bù dá

Australia
澳大利亚
àodàlìyǎ

Bahrain
巴林
bālín

Belgium
比利时
bǐlìshí

Algeria
阿尔及利亚
ā'ěrjílìyǎ

Argentina
阿根廷
āgēntíng

Austria
奥地利
àodìlì

Bangladesh
孟加拉国
mèngjiālā guó

Belize
伯利兹
bó lìzī

Andorra
安道尔
āndào ěr

Armenia
亚美尼亚
yàměiníyǎ

Azerbaijan
阿塞拜疆
āsèbàijiāng

Barbados
巴巴多斯
bābāduōsī

Benin
贝宁
bèi níng

Bhutan
不丹
bù dān

Brazil
巴西
bāxī

Burma
缅甸
miǎndiàn

Canada
加拿大
jiānádà

Chile
智利
zhìlì

Bolivia
玻利维亚
bōlìwéiyǎ

Brunei
文莱
wén lái

Burundi
布隆迪
bùlóngdí

Cape Verde
维德角
wéi dé jiǎo

China
中国
zhōngguó

Bosnia and Herzegovina
波西尼亚
和黑塞哥维那
bōsīníyǎ hé
hēisāigēwéinà

Bulgaria
保加利亚
bǎojiālìyǎ

Cambodia
柬埔寨
jiǎnpǔzhài

Central African Republic
中非共和国
zhōng fēi gònghéguó

Colombia
哥伦比亚
gēlúnbǐyǎ

Botswana
博茨瓦纳
bócíwǎnà

Burkina Faso
布基纳法索
bù jī nà fǎ suǒ

Cameroon
喀麦隆
kāmàilóng

Chad
查德
zhàdé

Comoros
科摩罗
kē mó luó

**Democratic Republic
of the Congo**
刚果民主共和国
gāngguǒ mínzhǔ
gònghéguó

Republic of the Congo
刚果共和国
gāngguǒ gònghéguó

Costa Rica
哥斯达黎加
gēsīdálíjiā

Côte d'Ivoire
科特迪瓦
kētèdíwǎ

Croatia
克罗地亚
kèluódìyà

Cuba
古巴
gǔbā

Curacao
库拉索
kù lā suǒ

Cyprus
塞浦路斯
sāipǔlùsī

Czechia
捷克
jiékè

Denmark
丹麦
dānmài

Djibouti
吉布提
jíbùtí

Dominica
多明尼加
duōmǐníjiā

Dominican Republic
多明尼加共和国
duō míng ní jiā
gònghéguó

East Timor
东帝汶
dōngdìwèn

Ecuador
厄瓜多尔
èguāduō'ěr

Egypt
埃及
āijí

El Salvador
萨尔瓦多
sà'ěrwǎduō

Equatorial Guinea
赤道几内亚
chìdào jǐnèiyǎ

Eritrea
厄立特里亚
èlìtèlǐyǎ

Estonia
爱沙尼亚
àishāníyǎ

France
法国
fàguó

Germany
德国
déguó

Guatemala
危地马拉
wēidìmǎlā

Haiti
海地
hǎidì

Ethiopia
埃塞俄比亚
āisāi'ébǐyǎ

Gabon
加蓬
jiāpéng

Ghana
加纳
jiānà

Guinea
几内亚
jǐnèiyǎ

Honduras
洪都拉斯
hóngdūlāsī

Fiji
斐济
fěijì

The Gambia
甘比亚
gāngbǐyǎ

Greece
希腊
xīlà

Guinea-Bissau
几内亚比绍
jǐnèiyǎ bǐ shào

Hong Kong
香港
xiānggǎng

Finland
芬兰
fēnlán

Georgia
格鲁吉亚
gélǔjíyà

Grenada
格林纳达
gélínnàdá

Guyana
圭亚那
guīyǎnà

Hungary
匈牙利
xiōngyálì

Iceland
冰岛
bīngdǎo

Iraq
伊拉克
yīlākè

Jamaica
牙买加
yámǎijiā

Kenya
肯尼亚
kěnníyǎ

Kosovo
科索沃
kēsuǒwò

India
印度
yìndù

Ireland
爱尔兰
àiěrlán

Japan
日本
rìběn

Kiribati
基里巴斯
jīlǐbāsī

Kuwait
科威特
kēwēitè

Indonesia
印度尼西亚
yìndùníxīyà

Israel
以色列
yǐsèliè

Jordan
约旦
yuēdàn

Korea North
北韩
běihán

Kyrgyzstan
吉尔吉斯斯坦
jíěrjísī sītǎn

Iran
伊朗
yīlǎng

Italy
意大利
yìdàlì

Kazakhstan
哈萨克斯坦
hāsàkè sītǎn

Korea South
韩国
hánguó

Laos
老挝
lǎowō

Latvia
拉脱维亚
lātuōwéiyà

Libya
利比亚
lìbǐyà

Macau
澳门
àomén

Malaysia
马来西亚
mǎláixīyà

Marshall Islands
马绍尔群岛
mǎshào'ěr qúndǎo

Lebanon
黎巴嫩
líbānèn

Liechtenstein
列支敦士登
lièzhīdūnshìdēng

Macedonia
马其顿
mǎqídùn

Maldives
马尔代夫
mǎ'ěrdàifū

Mauritania
毛里塔尼亚
máolǐtǎníyà

Lesotho
莱索托
láisuǒtuō

Lithuania
立陶宛
lìtáowǎn

Madagascar
马达加斯加
mǎdájiāsījiā

Mali
马里
mǎlǐ

Mauritius
毛里求斯
máolǐqiúsī

Liberia
利比里亚
lìbǐlǐyà

Luxembourg
卢森堡
lúsēnbǎo

Malawi
马拉维
mǎ lā wéi

Malta
马耳他
mǎ'ěrtā

Mexico
墨西哥
mòxīgē

Micronesia
密克罗尼西亚
mì kè luó ní xī yà

Montenegro
黑山
hēishān

Nauru
瑙鲁
nǎo lǔ

Nicaragua
尼加拉瓜
níjiālāguā

Oman
阿曼
āmàn

Moldova
摩尔多瓦
mó'ěrduōwǎ

Morocco
摩洛哥
móluògē

Nepal
尼泊尔
níbó'ěr

Niger
尼日尔
nírì'ěr

Pakistan
巴基斯坦
bājīsītǎn

Monaco
摩纳哥
mónàgē

Mozambique
莫桑比克
mòsāngbǐkè

Netherlands
荷兰
hélán

Nigeria
尼日利亚
nírìlìyǎ

Palau
帕劳
pà láo

Mongolia
蒙古
ménggǔ

Namibia
纳米比亚
nàmǐbǐyǎ

New Zealand
新西兰
xīnxīlán

Norway
挪威
nuówēi

Palestinian Territories
巴基斯坦领土
bālèsītǎn lǐngtǔ

Panama
巴拿马
bānámǎ

Peru
秘鲁
bìlǔ

Qatar
卡塔尔
kǎtǎ'ěr

Saint Lucia
圣卢西亚
shèng lú xīyǎ

Senegal
塞内加尔
sàinèijiā'ěr

Papua New Guinea
巴布亚新几内亚
bābùyà xīn jǐnèiyǎ

Philippines
菲律宾
fēilǜbīn

Romania
罗马尼亚
luómǎníyǎ

Samoa
萨摩亚
sàmó yǎ

Serbia
塞尔维亚
sài'ěrwéiyǎ

Paraguay
巴拉圭
bālāguī

Poland
波兰
bōlán

Russia
俄罗斯
èluósī

San Marino
圣马力诺
shèngmǎlìnuò

Seychelles
塞舌尔
sāi shé ěr

Portugal
葡萄牙
pútáoyá

Rwanda
卢旺达
lúwàngdá

Saudi Arabia
沙特阿拉伯
shātè ālābó

Sierra Leone
塞拉利昂
sèlālì'áng

Singapore
新加坡
xīnjiāpō

Solomon Islands
所罗门群岛
suǒluómén qúndǎo

Sri Lanka
斯里兰卡
sīlǐlánkǎ

Swaziland
斯威士兰
sī wēi shì lán

Taiwan
台湾
táiwān

Sint Maarten
圣马丁岛
shèng mǎdīng dǎo

Somalia
索马里
suǒmǎlǐ

Sudan
苏丹
sūdān

Sweden
瑞典
ruìdiǎn

Tajikistan
塔吉克斯坦
tǎjíkè sītǎn

Slovakia
斯洛伐克
sīluòfákè

South Africa
南非
nánfēi

South Sudan
南苏丹
nán sūdān

Switzerland
瑞士
ruìshì

Tanzania
坦桑尼亚
tǎnsāngníyǎ

Slovenia
斯洛文尼亚
sīluòwénníyǎ

Spain
西班牙
xībānyá

Suriname
苏里南
sūlǐnán

Syria
叙利亚
xùlìyǎ

Thailand
泰国
tàiguó

Togo
多哥
duō gē

Turkey
土耳其
tǔ'ěrqí

Ukraine
乌克兰
wūkèlán

Uruguay
乌拉圭
wūlāguī

Vietnam
越南
yuènán

Tonga
汤加
tāngjiā

Turkmenistan
土库曼斯坦
tǔkùmàn sītǎn

United Arab Emirates
阿拉伯联合酋长国
ālābó liánhé qiúzhǎngguó

Uzbekistan
乌兹别克斯坦
wūzībiékè sītǎn

Yemen
也门
yěmén

Trinidad and Tobago
特立尼达和多巴哥
tè lì ní dá hé duō bā gē

Tuvalu
图瓦卢
tú wǎ lú

United Kingdom
英国
yīngguó

Vanuatu
瓦努阿图
wǎnǔ'ātú

Zambia
赞比亚
zànbǐyǎ

Tunisia
突尼斯
túnísī

Uganda
乌干达
wūgāndá

United States of America
美国
měiguó

Venezuela
委内瑞拉
wěinèiruìlā

Zimbabwe
津巴布韦
jīnbābùwéi

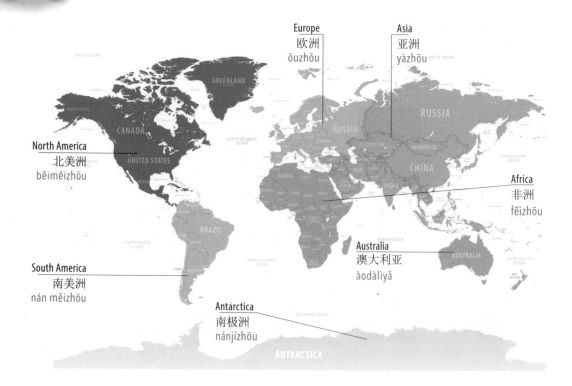

Europe
欧洲
ōuzhōu

Asia
亚洲
yàzhōu

North America
北美洲
běiměizhōu

Africa
非洲
fēizhōu

Australia
澳大利亚
àodàlìyǎ

South America
南美洲
nán měizhōu

Antarctica
南极洲
nánjízhōu

bus stop
公交车站
gōngjiāo chē zhàn

platform
月台
yuè tái

(aero)plane
飞机
fēijī

moped / scooter
轻便摩托车/摩托车
qīngbiàn mótuō chē/
mótuō chē

(bi)cycle
自行车
zìxíngchē

boat
船
chuán

bus
公交车
gōngjiāo chē

ship
船
chuán

car
汽车
qìchē

helicopter
直升机
zhíshēngj

lorry
货车
huòchē

tanker
油轮
yóulún

kid's scooter
孩子的滑板车
háizi de huábǎn chē

(motor)bike
摩托车
mótuō chē

train
火车
huǒchē

taxi
出租车
chūzū chē

ferry
渡船
dùchuán

submarine
潜艇
qiántǐng

sailing boat
帆船
fānchuán

tram
电车
diànchē

by air	空运	kōngyùn		in the port	在港口	zài gǎngkǒu
on the motorway	在高速公路上	zài gāosù gōnglùshàng		by rail	乘火车	chéng huǒchē
on the road	在路上	zài lù shàng		by tube / underground	乘地铁	chéng dìtiě
by sea	用船运	yòng chuán yùn		on foot	徒步	túbù

airport
飞机场
fēijī chǎng

arrivals
到达
dàodá

departures
出发
chūfā

luggage
行李
xínglǐ

carry-on luggage
随身行李
suíshēn xínglǐ

oversized baggage
超大行李
chāodà xínglǐ

check-in desk
登机手续办理台
dēng jī shǒuxù bànlǐ tái

customs
海关
hǎiguān

baggage reclaim
行李认领
xínglǐ rènlǐng

boarding pass
登机证
dēng jī zhèng

flight ticket
飞机票
fēijī piào

economy class
经济舱
jīngjì cāng

business class
商务舱
shāng wù cāng

arrivals lounge
入境大厅
rùjìng dàtīng

delayed
延误
yánwù

to board a plane
登上飞机
dēng shàng fēijī

gate
门
mén

passport
护照
hùzhào

passport control
护照查验
hùzhào cháyàn

security check
安全检查
ānquán jiǎnchá

airline	航空公司	hángkōng gōngsī	long-haul flight	长途飞行	chángtú fēixíng
boarding time	登机时间	dēng jī shíjiān	The flight has been delayed.	航班延误了。	hángbān yánwùle
charter flight	包机	bāojī			
on time	准时	zhǔnshí			
one-way ticket	单程票	dānchéng piào	to book a ticket to…	预定机票…	yùdìng jīpiào…
return ticket	往返票	wǎngfǎn piào			

railway station
火车站
huǒchē zhàn

train
火车
huǒchē

platform
月台
yuè tái

express train	快速列车	kuàisù lièchē
to get on the train	上火车	shàng huǒchē
to get off the train	下火车	xià huǒchē
to miss a train	错过火车	cuòguò huǒchē

train driver
火车司机
huǒchē sījī

travelcard
旅行卡
lǚ xíng kǎ

carriage
车厢
chēxiāng

seat
座位
zuòwèi

train journey
火车旅行
huǒchē lǚxíng

station
站
zhàn

restaurant car
餐车
cānchē

sleeper train
卧铺列车
wòpù lièchē

toilet
厕所
cèsuǒ

coach
长途汽车
chángtú qìchē

bus driver
公车司机
gōngchē sījī

bus stop
公交车站
gōngjiāo chē zhàn

validator
校验器
jiào yàn qì

double-decker bus
双层巴士
shuāng céng bāshì

bus journey
公车旅行
gōngchē lǚxíng

coach station
长途汽车站
chángtú qìchē zhàn

request stop
请求停止
qǐngqiú tíngzhǐ

bus fare	公交车票价	gōngjiāo chē piào jià
the next stop	下一站	xià yí zhàn
night bus	夜间巴士	yèjiān bāshì
to get on the bus	上公交车	shàng gōngjiāo chē
to get off the bus	下公交车	xià gōngjiāo chē
to miss a bus	错过巴士	cuòguò bāshì

hotel
酒店
jiǔdiàn

campsite
营地
yíngdì

holiday resort
度假胜地
dùjià shèngdì

youth hostel
青年旅馆
qīngnián lǚguǎn

accommodation	住所	zhùsuǒ
all-inclusive	包括一切的	bāokuò yīqiè de
half-board	半食宿	bàn shí sù
full-board	全食宿	quán shí sù
self-catering	可自己做饭	kě zìjǐ zuò fàn
Can you recommend a hotel?	你能推荐一家酒店吗?	nǐ néng tuījiàn yījiā jiǔdiàn ma?
We are staying at the hotel "XZ".	我们住在"XZ"酒店。	wǒmen zhù zài "XZ" jiǔdiàn
Have you already booked the hotel?	你已经预定了酒店?	nǐ yǐjīng yùdìngle jiǔdiàn?
I'm looking for a place to stay.	我正在寻找住宿的地方。	wǒ zhèngzài xúnzhǎo zhùsù dì dìfāng

bed and breakfast
住宿加早餐
zhùsù jiā zǎocān

single bed
单人床
dān rén chuáng

double bed
双人床
shuāngrén chuáng

floor
地板
dìbǎn

front desk / reception
前台
qiántái

hotel manager
酒店经理
jiǔdiàn jīnglǐ

indoor pool
室内游泳池
shìnèi yóuyǒngchí

key
钥匙
yàoshi

kitchenette
小厨房
xiǎo chúfáng

luggage cart
行李车
xínglǐ chē

towels
毛巾
máojīn

room service
客房服务
kèfáng fúwù

lobby
大厅
dàtīng

wake-up call
叫醒服务
jiào xǐng fúwù

reservation
预定
yùdìng

guest
客人
kèrén

check-in	投宿登记手续	tóusù dēngjì shǒuxù
check-out	结账	jié zhàng
complimentary breakfast	免费早餐	miǎnfèi zǎocān
king-size bed	特大号床	tèdà hào chuáng
late charge	延迟退房费用	yánchí tuì fáng fèiyòng
full	客满	kè mǎn
parking pass	停车证	tíngchē zhèng
pay-per-view movie	按次付费电影	àn cì fùfèi diànyǐng
queen-size bed	大号床	dà hào chuáng
rate	率	lù
vacancy	空房	kōngfáng

city-centre / downtown
市中心
shì zhōngxīn

capital
首都
shǒudū

centre
中心
zhōngxīn

district
区
qū

industrial zone
工业区
gōngyè qū

city
城市
chéngshì

metropolis
都会
dūhuì

region
地区
dìqū

seaside resort
海滨度假胜地
hǎibīn dùjià shèngdì

old town
旧城
jiù chéng

ski resort
滑雪胜地
huáxuě shèngdì

small town
小城
xiǎochéng

suburb
市郊
shìjiāo

village
村
cūn

winter resort
冬季旅游胜地
dōngjì lǚyóu shèngdì

alley
小巷
xiǎo xiàng

boulevard
大道
dàdào

motorway
公路
gōnglù

country road
乡村小路
xiāngcūn xiǎolù

toll road
收费道路
shōufèi dàolù

street
街
jiē

bicycle lane
自行车道
zìxíngchē dào

bicycle path
自行车道
zìxíngchē dào

crossroads / intersection
十字路口
shízìlù kǒu

traffic lights
红绿灯
hónglǜdēng

red light
红灯
hóng dēng

orange light
橙灯
chéng dēng

green light
绿灯
lǜdēng

roundabout
环状交叉路
huán zhuàng jiāochā lù

pedestrian crossing
人行横道
rénxínghéngdào

pavement
人行道
rénxíngdào

bridge
桥
qiáo

footbridge
人行天桥
rénxíng tiānqiáo

overpass
立交桥
lìjiāoqiáo

underpass
地下通道
dìxià tōngdào

tunnel
隧道
suìdào

road
路
lù

street corner
街上转角处
jiē shàng zhuǎnjiǎo chù

one-way street
单行道
dānxíng dào

street	街	jiē
avenue	大道	dàdào
main road	主路	zhǔ lù
side street	小街	xiǎo jiē
expressway	高速公路	gāosù gōnglù
four-lane road	四车道道路	sì chēdào dàolù
two-lane road	双车道道路	shuāng chēdào dàolù
fast lane	快车道	kuàichēdào
left lane	左车道	zuǒ chēdào
right lane	右车道	yòu cè chēdào
breakdown lane	故障车道	gùzhàng chēdào

attractions
景点
jǐngdiǎn

casino
赌场
dǔchǎng

guide book
旅游指南
lǚyóu zhǐnán

park
公园
gōngyuán

guided tour
导游
dǎoyóu

information
信息
xìnxī

itinerary
行程
xíngchéng

ruins
废墟
fèixū

monument
纪念碑
jìniànbēi

museum
博物馆
bówùguǎn

national park
国家公园
guójiā gōngyuán

sightseeing
观光
guānguāng

souvenirs
纪念品
jìniànpǐn

tour bus
旅游巴士
lǚyóu bāshì

tourist
游客
yóukè

entrance fee / price	入场费/价格	rù chǎng fèi/jiàgé
to buy a souvenir	买纪念品	mǎi jìniànpǐn
to do a tour	去旅行	qù lǚxíng
tour guide	导游	dǎoyóu

airport
飞机场
fēijī chǎng

bank
银行
yínháng

bus stop
公交车站
gōngjiāo chē zhàn

church
教堂
jiàotáng

cinema
电影院
diànyǐngyuàn

city / town hall
市/市政厅
shì/shìzhèng tīng

department store
百货商店
bǎihuò shāngdiàn

factory
工厂
gōngchǎng

fire station
消防站
xiāofáng zhàn

hospital
医院
yīyuàn

hotel
酒店
jiǔdiàn

library
图书馆
túshū guǎn

theatre
剧院
jùyuàn

museum
博物馆
bówùguǎn

parking area
停车场
tíngchē chǎng

playground
操场
cāochǎng

police station
警察局
jǐngchá jú

post office
邮政局
yóuzhèngjú

prison
监狱
jiānyù

restaurant
餐厅
cāntīng

school
学校
xuéxiào

taxi stand
出租车站
chūzū chē zhàn

harbour
港口
gǎngkǒu

square
广场
guǎngchǎng

supermarket
超级市场
chāojí shìchǎng

railway station
火车站
huǒchē zhàn

| How do I get to the railway station? | 我怎么去火车站？ | wǒ zěnme qù huǒchē zhàn? |
| Where can I find a taxi? | 我在哪里可以找到出租车？ | wǒ zài nǎlǐ kěyǐ zhǎodào chūzū chē? |

snorkel
水下呼吸管
shuǐ xià hūxī
guǎnh

swimming goggles
游泳镜
yóuyǒng jìng

beach ball
沙滩球
shātān qiú

hat
帽子
màozi

diving mask
面罩
miànzhào

sunglasses
太阳眼镜
tàiyáng yǎnjìng

sunscreen
防晒
fángshài

beach towel
沙滩巾
shātān jīn

swimming cap
游泳帽
yóuyǒng mào

swimming costume
游泳衣
yóuyǒng yī

beach	海滩	hǎitān
bikini	比基尼泳装	bǐjīní yǒngzhuāng
sun lounger	日光浴椅	rìguāngyù yǐ
to sunbathe	晒日光浴	shài rìguāngyù
to swim	游泳	yóuyǒng

 HEALTH

medicines
药品
yàopǐn

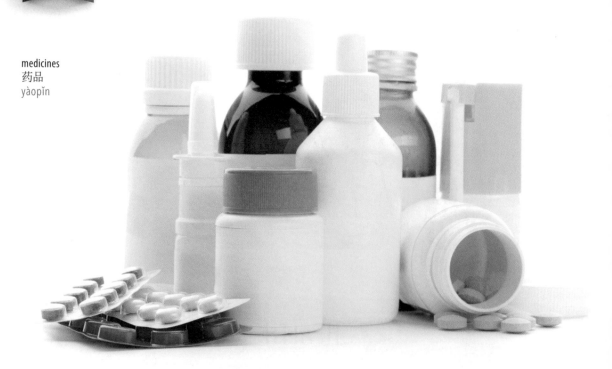

eye drops
眼药水
yǎn yàoshuǐ

painkiller
止痛药
zhǐtòng yào

syrup
糖浆
tángjiāng

to take medicine
吃药
chī yào

shot / injection
打针/注射
dǎzhēn/zhùshè

sleeping pill
安眠药
ānmiányào

plaster
膏药
gāoyao

syringe
注射剂
zhùshèqì

gauze
纱布
shābù

pill
药片
yàopiàn

tablet
片剂
piàn jì

ointment
软膏
ruǎngāo

hospital
医院
yīyuàn

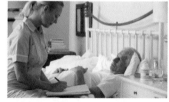

nurse
护士
hùshì

doctor / physician
医生/内科医生
yīshēng/nèikē yīshēng

operation / surgery
手术/外科手术
shǒushù/wàikē shǒushù

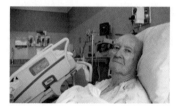

patient
患者
huànzhě

waiting room
等候室
děnghòu shì

check-up	检查	jiǎnchá	prescription	处方	chǔfāng
diagnosis	诊断	zhěnduàn	specialist	专家	zhuānjiā
pharmacy / chemist's	药局/药店	yào jú/yàodiàn	treatment	治疗	zhìliáo

allergist
过敏症专科医生
guòmǐn zhèng zhuānkē yīshēng

dentist
牙医
yáyī

gynecologist
妇科医生
fùkē yīshēng

pediatrician
儿科医生
érkē yīshēng

physiotherapist
物理治疗师
wùlǐ zhìliáo shī

midwife
助产士
zhùchǎnshì

ophthalmologist
眼科医生
yǎnkē yīshēng

surgeon
外科医生
wàikē yīshēng

anaesthesiologist	麻醉师	mázuì shī
cardiologist	心脏病医生	xīnzàng bìng yīshēng
dermatologist	皮肤科医生	pífū kē yīshēng
neurologist	神经科医生	shénjīng kē yīshēng
oncologist	肿瘤科医生	zhǒngliú kē yīshēng
psychiatrist	心理医生	xīnlǐ yīshēng
radiologist	放射科医生	fàngshè kē yīshēng

to feel good
感觉很好
gǎnjué hěn hǎo

to catch a cold
感冒
gǎnmào

to have a cold
感冒
gǎnmào

to sneeze
打喷嚏
dǎ pēntì

to cough
咳嗽
késòu

to blow your nose
擤鼻涕
xǐng bítì

to feel sick
想吐
xiǎng tù

to faint
头晕
tóuyūn

to pass out
晕倒
yūn dǎo

to be tired
累
lèi

to be exhausted
精疲力竭
jīngpílìjié

to have back pain
背痛
bèi tòng

to have earache
耳痛
ěr tòng

to have a headache
头痛
tóutòng

to have a sore throat
喉咙痛
hóulóng tòng

to have toothache
牙痛
yátòng

to have a stomach ache
肚子疼
dùzi téng

to have a temperature
发烧
fāshāo

to have diarrhoea
腹泻
fùxiè

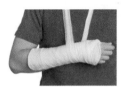

to break an arm
手臂骨折
shǒubì gǔzhé

to be constipated
便秘
biànmì

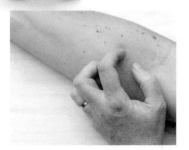

to have a rash
出现皮疹
chūxiàn pízhěn

to be allergic to
对···过敏
duì... guòmǐn

to vomit
呕吐
ǒutù

to hurt
使受伤
shǐ shòushāng

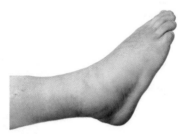

to swell
肿胀
zhǒngzhàng

to suffer from
患病
huàn bìng

chicken pox
水痘
shuǐdòu

runny nose
流鼻涕
liú bítì

cough
咳嗽
késòu

diarrhoea
腹泻
fùxiè

heart attack
心脏病
xīnzàng bìng

fever
发热
fārè

headache
头痛
tóutòng

injury
伤
shāng

sore throat
喉咙痛
hóulóng tòng

asthma
哮喘
xiāochuǎn

flu
流感
liúgǎn

health
健康
jiànkāng

hepatitis
肝炎
gānyán

heart disease
心脏病
xīnzàng bìng

stomach ache
胃痛
wèitòng

mouth ulcer
口腔溃疡
kǒuqiāng kuìyáng

wound
伤口
shāngkǒu

common cold	普通感冒	pǔtōng gǎnmào	pain	疼痛	téngtòng
fracture	骨折	gǔzhé	painful	痛苦	tòngkǔ
illness	疾病	jíbìng	painless	无痛	wú tòng
mumps	腮腺炎	sāixiàn yán	to be ill	生病	shēngbìng

emergency number
紧急号码
jǐnjí hàomǎ

firefighter
消防队员
xiāofáng duìyuán

policeman
警察
jǐngchá

fire engine
消防车
xiāofáng chē

police car
警车
jǐngchē

ambulance
救护车
jiùhù chē

accident
事故
shìgù

paramedics
医护人员
yīhù rényuán

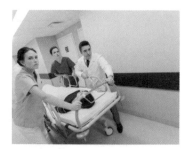

emergency
紧急情况
jǐnjí qíngkuàng

fire
火
huǒ

patient
患者
huànzhě

police
警察
jǐngchá

SPORTS

badminton racket
羽毛球拍
yǔmáoqiú pāi

ball
球
qiú

baseball
棒球
bàngqiú

bicycle
自行车
zìxíngchē

bowling ball
保龄球
bǎolíngqiú

cap
帽
mào

football
足球
zúqiú

glove
手套
shǒutào

net
网
wǎng

goggles
护目镜
hù mùjìng

golf ball
高尔夫球
gāo'ěrfū qiú

helmet
头盔
tóukuī

goal
进球
jìn qiú

lane
跑道
pǎodào

hockey puck
冰球
bīngqiú

hockey stick
曲棍球棒
qūgùnqiú bàng

saddle
鞍
ān

ice-skates
溜冰鞋
liù bīng xié

skates
冰鞋
bīngxié

ski poles
滑雪杖
huáxuě zhàng

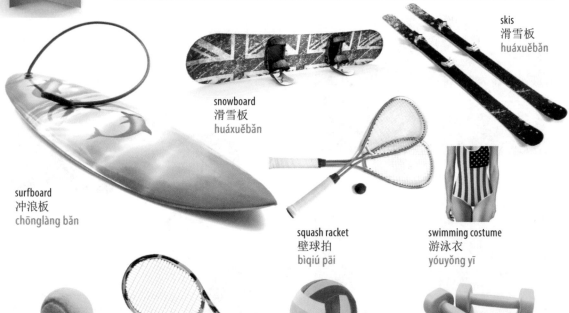

skis
滑雪板
huáxuěbǎn

snowboard
滑雪板
huáxuěbǎn

surfboard
冲浪板
chōnglàng bǎn

squash racket
壁球拍
bìqiú pāi

swimming costume
游泳衣
yóuyǒng yī

tennis ball
网球
wǎngqiú

tennis racket
网球拍
wǎngqiú pāi

volleyball
排球
páiqiú

weights
体重
tǐzhòng

baseball
棒球
bàngqiú

bowling
保龄球
bǎolíngqiú

football
足球
zúqiú

hiking
徒步旅行
túbù lǚxíng

hockey
曲棍球
qūgùnqiú

cycling
自行车运动
zìxíngchē yùndòng

horseriding
骑马
qímǎ

running
赛跑
sàipǎo

skating
溜冰
liūbīng

skiing
滑雪
huáxuě

swimming
游泳
yóuyǒng

tennis
网球
wǎngqiú

volleyball
排球
páiqiú

weightlifting
举重
jǔzhòng

basketball court
篮球场
lánqiú chǎng

boxing ring
拳击场
quánjí chǎng

fitness centre
健身中心
jiànshēn zhōngxīn

football pitch
足球场
zúqiú chǎng

golf course
高尔夫球场
gāo'ěrfū qiúchǎng

football ground
足球场
zúqiú chǎng

golf club
高尔夫俱乐部
gāo'ěrfū jùlèbù

gym
体育馆
tǐyùguǎn

playground
操场
cāochǎng

racecourse
跑马场
pǎomǎ chǎng

race track
赛道
sài dào

recreation area
娱乐区
yúlè qū

skating rink
滑冰场
huábīng chǎng

sports ground
运动场
yùndòngchǎng

stadium
体育场
tǐyùchǎng

swimming pool
游泳池
yóuyǒngchí

tennis club
网球俱乐部
wǎngqiú jùlèbù

tennis court
网球场
wǎngqiúchǎng

NATURE

landscape
风景
fēngjǐng

bay
湾
wān

beach
海滩
hǎitān

cave
洞穴
dòngxué

creek
小溪
xiǎo xī

desert
沙漠
shāmò

forest   woods
森林   树林
sēnlín   shùmù

hill
小山
xiǎoshān

earth
陆地
lùdì

island
岛
dǎo

lake
湖
hú

mountain
山
shān

ocean
海洋
hǎiyáng

peak
山峰
shānfēng

plain
平原
píngyuán

pond
池塘
chítáng

river
河
hé

sea
海
hǎi

stream
溪流
xīliú

swamp
沼泽
zhǎozé

valley
谷
gǔ

waterfall
瀑布
pùbù

weather
天气
tiānqì

What's the weather like?	天气怎么样？	tiānqì zěnme yàng?
What's the forecast for tomorrow?	明天天气如何？	míng tiān tiān qì rú hé?

blizzard
暴风雪
bàofēngxuě

cold
冷
lěng

drizzle
毛毛雨
máomaoyǔ

flood
水灾
shuǐzāi

frost
霜
shuāng

humidity
湿度
shīdù

Celsius
摄氏
shèshì

cyclone
气旋
qìxuán

dry
干
gàn

fog
雾
wù

hail
冰雹
bīngbáo

hurricane
飓风
jùfēng

cloud
云
yún

degree
度
dù

dry season
旱季
hàn jì

forecast
预测
yùcè

heat
热
rè

ice
冰
bīng

cloudy
多云的
duōyún de

dew
露水
lùshuǐ

Fahrenheit
华氏
huáshì

freeze
结冰
jié bīng

hot
热的
rè de

lightning
闪电
shǎndiàn

rain
雨
yǔ

rainy season
雨季
yǔjì

snowy
下雪的
xià xuě de

temperature
温度
wēndù

tsunami
海啸
hǎixiào

rainstorm
暴雨
bàoyǔ

sleet
霰
sǎn

storm
风暴
fēngbào

thunder
雷
léi

typhoon
台风
táifēng

windy
多风的
duō fēng de

rainbow
彩虹
cǎihóng

snow
雪
xuě

sun
太阳
tàiyáng

thunderstorm
雷雨
léiyǔ

warm
温暖的
wēnnuǎn de

rainy
下雨的
xià yǔ de

snowstorm
暴风雪
bàofēngxuě

sunny
晴朗
qínglǎng

tornado
龙卷风
lóngjuǎnfēng

wind
风
fēng

aquarium
水族馆
shuǐzú guǎn

cage
笼
lóng

pet owner
宠物主人
chǒngwù zhǔrén

canary
金丝雀
jīn sī què

bird
鸟
niǎo

dog
狗
gǒu

pet shop
宠物商店
chǒngwù shāngdiàn

fish
鱼
yú

cat
猫
māo

gecko
壁虎
bìhǔ

hamster
仓鼠
cāngshǔ

guinea pig
豚鼠
túnshǔ

lizard
蜥蜴
xīyì

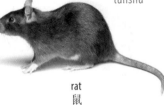

rabbit
兔子
tùzǐ

rat
鼠
shǔ

mouse
老鼠
lǎoshǔ

parrot
鹦鹉
yīngwǔ

snake
蛇
shé

spider
蜘蛛
zhīzhū

cow
牛
niú

chicken
鸡
jī

donkey
驴
lú

goose
鹅
é

goat
山羊
shānyáng

horse
马
mǎ

sheep
羊
yáng

duck
鸭
yā

rabbit
兔子
tùzǐ

pig
猪
zhū

turkey
火鸡
huǒ jī

giraffe
长颈鹿
chángjǐnglù

elephant
象
xiàng

jaguar
美洲虎
měizhōu hǔ

tiger
虎
hǔ

lion
狮子
shīzi

leopard
豹
bào

puma
美洲狮
měizhōu shī

hippopotamus
河马
hémǎ

monkey
猴
hóu

chimpanzee
黑猩猩
hēixīngxīng

ostrich
鸵鸟
tuóniǎo

rhinoceros
犀牛
xīniú

armadillo
犰狳
qiú yú

sloth
树懒
shù lǎn

iguana
鬣蜥
liè xī

kangaroo
袋鼠
dàishǔ

bear
熊
xióng

zebra
斑马
bānmǎ

hyena
鬣狗
lièstered gǒu

seal
海豹
hǎibào

gazelle
瞪羚
dèng líng

antelope
羚羊
língyáng

python
蟒蛇
mǎngshé

water buffalo
水牛
shuǐniú

boar
野猪
yězhū

cobra
眼镜蛇
yǎnjìngshé

whale
鲸
jīng

killer whale
逆戟鲸
nì jǐ jīng

dolphin
海豚
hǎitún

turtle
龟
guī

shark
鲨鱼
shāyú

crocodile
鳄鱼
èyú

SHOPPING AND SERVICES

food market
食品市场
shípǐn shìchǎng

bazaar
市场
shìchǎng

bookshop
书店
shūdiàn

computer shop
电脑店
diànnǎo diàn

corner shop
街角商店
jiējiǎo shāngdiàn

farmers' market
农贸市场
nóngmào shìchǎng

flea market
跳蚤市场
tiàozǎo shìchǎng

flower market
花卉市场
huāhuì shìchǎng

bakery
面包店
miànbāo diàn

fruit stall
水果摊
shuǐguǒ tān

market
市场
shìchǎng

newsagent
报刊亭
bàokān tíng

shoe shop
鞋店
xié diàn

street vendor
街边小贩
jiē biān xiǎofàn

supermarket
超级市场
chāojí shìchǎng

department store	百货商店	bǎihuò shāngdiàn
grocery store	杂货店	záhuò diàn
shopping centre	购物中心	gòuwù zhòng xīn

sale
拍卖
pāimài

checkout / till checkout
结账/直到结账
jiézhàng/zhídào jiézhàng

conveyor belt
输送带
shūsòng dài

customer
顾客
gùkè

price
价钱
jiàqián

queue
排队
páiduì

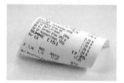

receipt
收据
shōujù

cashier
收银员
shōuyín yuán

shopping bag
购物袋
gòuwù bāo

shopping list
购物清单
gòuwù qīngdān

shopping basket
购物篮
gòuwù lán

trolley
手推车
shǒutuīchē

bill for	···账单	... zhàngdān
Can I help you?	我能帮你吗?	wǒ néng bāng nǐ ma?
goods	商品	shāngpǐn
shopper	购物者	gòuwù zhě
to cost	花费	huāfèi
to get a great bargain	买得便宜	mǎi dé piányí
to purchase	购买	gòumǎi
to queue	排队	páiduì

belt
带
dài

boots
靴子
xuēzi

coat
外套
wàitào

raincoat
雨衣
yǔyī

gloves
手套
shǒutào

hat
帽子
màozi

jeans
牛仔裤
niúzǎikù

pyjamas
睡衣
shuìyī

jacket
夹克
jiákè

shoes
xié

jumper
针织套衫
zhēnzhī tàoshān

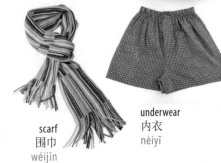

scarf
围巾
wéijīn

underwear
内衣
nèiyī

tie
领带
lǐngdài

briefs
内裤
nèikù

shirt
衬衫
chènshān

sweatshirt
运动衫
yùndòng shān

trousers
长裤
cháng kù

t-shirt
T恤衫
T xùshān

socks
袜子
wàzi

undershirt
汗衫
hànshān

slippers
拖鞋
tuōxié

suit
西装
xīzhuāng

He has a hat on.	他戴着帽子	tā dàizhe màozi
These briefs are the right size.	这些内裤尺寸合适	zhèxiē nèikù chǐcùn héshì
What did he have on?	他穿什么？	tā chuān shénme?
I want these boxer shorts in a size 42.	我想要42码的短裤。	wǒ xiǎng yào 42 mǎ de duǎnkù

jacket
夹克
jiákè

boots
靴子
xuēzi

raincoat
雨衣
yǔyī

gloves
手套
shǒutào

coat
外套
wàitào

jeans
牛仔裤
niúzǎikù

hat
帽子
màozi

pyjamas
睡衣
shuìyī

belt
腰带
yāodài

jumper
针织套衫
zhēnzhī
tàoshān

pants
裤子
kùzi

scarf
围巾
wéijīn

skirt
裙子
qúnzi

dress
连衣裙
liányīqún

shoes
鞋
xié

sweatshirt
运动衫
yùndòng shān

socks
袜子
wàzi

shirt
衬衫
chènshān

stockings
长筒袜
zhǎng tǒng wà

suit
西装
xīzhuāng

t-shirt
T 恤
T xù

slacks
便裤
biàn kù

underwear
内衣
nèiyī

trousers
裤子
kùzi

bra
胸罩
xiōngzhào

slippers
拖鞋
tuōxié

She has a hat on.	她戴着帽子。	tā dàizhe màozi
The dress looks nice on you.	你穿这件连衣裙开起来不错。	nǐ chuān zhè jiàn liányīqún kāi qǐlái bu cuò
What did she have on?	她穿着什么?	tā chuānzhuó shénme?
I want these boots in a size 38.	我想要这双38码的靴子。	wǒ xiǎng yào zhè shuāng 38 mǎ de xuēzi

car repair shop
汽车修理店
qìchē xiūlǐ diàn

barber shop
理发店
lǐfà diàn

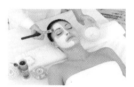

beauty salon
美容院
měiróng yuàn

bicycle repair shop
自行车修理店
zìxíngchē xiūlǐ diàn

watchmaker
钟表匠
zhōngbiǎo jiàng

laundromat
自助洗衣房
zìzhù xǐyī fáng

laundry
洗衣店
xǐyī diàn

locksmith's shop
锁匠店
suǒ jiàng diàn

petrol station
加油站
jiāyóu zhàn

CULTURE AND MEDIA

blog
博客
bókè

to broadcast
广播
guǎngbò

magazine
杂志
zázhì

newspaper
报纸
bàozhǐ

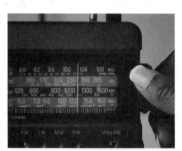

radio
shōuyīnjī

television
电视
diànshì

news broadcast
新闻广播
xīnwén guǎngbò

weather forecast
天气预报
tiānqì yùbào

blogosphere	博客圈	bókè quān
mass media	大众传播媒介	dàzhòng chuánbò méijiè
news	新闻	xīnwén
press	新闻界	xīnwén jiè
tabloid	小报	xiǎobào
programme	节目	jiémù
soap	肥皂	féizào
drama	戏剧	xìjù
series	连续剧	liánxùjù
film	电影	diànyǐng
documentary	纪录片	jìlùpiàn
music programme	音乐节目	yīnyuè jiémù
sports programme	体育节目	tǐyù jiémù
talk show	脱口秀	tuōkǒu xiù
episode	一集	yī jí
business news	商业新闻	shāngyè xīnwén
sports report	体育报道	tǐyù bàodào
book review	书评	shūpíng
ad / advertisement	广告	guǎnggào

message
信息
xìnxī

address / URL
地址/URL
dìzhǐ/URL

application / app
应用程序
yìngyòng chéngxù

network
网络
wǎngluò

inbox	收件箱	shōu jiàn xiāng
IP address	IP 地址	IP dìzhǐ
internet	互联网	hùliánwǎng
website	网站	wǎngzhàn
mail	邮件	yóujiàn
search engine	搜寻引擎	sōusuǒ yǐnqíng
to search	搜寻	sōuxún
to share	分享	fēnxiǎng
to log in	登录	dēnglù

to send
发送
fāsòng

login
登录
dēnglù

to log out
登出
dēng chū

to upload	上传	shàngchuán
to download	下载	xiàzài
to tag	标记	biāojì
to comment	评论	pínglùn
to publish	发表	fābiǎo
to contact	联系	liánxì
to receive	收到	shòudào
to add	添加	tiānjiā

link
链接
liànjiē

CD
光碟
guāng dié

CD-ROM
光盘
guāngpán

DVD
DVD
DVD

mouse
鼠标
shǔbiāo

keyboard
键盘
jiànpán

USB flash drive
USB shǎncún pán

laptop
笔记本电脑
bǐjìběn diànnǎo

modem
数据机
shùjù jī

monitor
显示屏
xiǎnshì píng

router
路由器
lùyóuqì

tablet
平板
píngbǎn

printer
打印机
dǎyìnjī

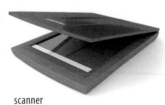

scanner
扫描器
sǎomiáo qì

to copy	复印	fùyìn		to print	打印	dǎyìn
to delete	删除	shānchú		to save	保存	bǎocún
desktop	桌面	zhuōmiàn		to scan	扫描	sǎomiáo
file	文件	wénjiàn		screenshot	截图	jiétú
folder	文件夹	wénjiàn jiā		server	服务器	fúwùqì
offline	离线	líxiàn		software	软件	ruǎnjiàn
online	线上	xiàn shàng		to undo	撤销	chèxiāo
password	密码	mìmǎ		virus	病毒	bìngdú

at
在
zài

hash
哈希
hā xǐ

percent
百分比
bǎifēnbǐ

circumflex
音调符号
yīndiào fúhào

ampersand
& 号
& hào

asterisk
星号
xīng hào

tilde
波浪号
bōlàng hào

tab key
tab 键
tab jiàn

caps lock key
大写锁定键
dàxiě suǒdìng jiàn

shift key
shift 键
shift jiàn

ctrl (control) key
ctrl（控制）键
ctrl(kòngzhì) jiàn

exclamation mark
感叹号
gǎntànhào

alt (alternate) key
替代键
tìdài jiàn

spacebar key
空格键
kònggé jiàn

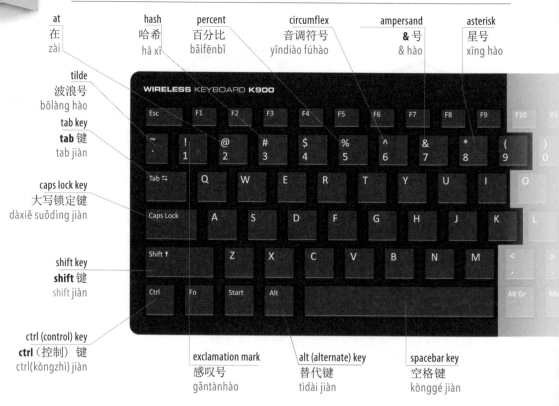

minus / dash
减号/破折号
iǎn hào/pòzhéhào

plus
加号
jiā hào

equal
等于
děngyú

colon
冒号
màohào

semicolon
分号
fēn hào

dot / full stop
点/句号
diǎn/jùhào

question mark
问号
wènhào

enter key
输入键
shū rù jiàn

forward slash
正斜线
zhèng xié xiàn

back slash
反斜线
fǎn xié xiàn

backspace key
退格键
tuì gé jiàn

delete or del key
删除或删除键
shānchú huò shānchú jiàn

amusement park
游乐园
yóu lèyuán

aquarium
水族馆
shuǐzú guǎn

art gallery
美术馆
měishù guǎn

art museum
美术博物馆
měishù bówùguǎn

botanical garden
植物园
zhíwùyuán

cinema
电影院
diànyǐngyuàn

circus
马戏团
mǎxì tuán

discotheque
迪斯科舞厅
dísīkē wǔtīng

trade fair / trade show
贸易展览会/贸易展
màoyì zhǎnlǎn huì/màoyì zhǎn

garden
花园
huāyuán

night club
夜店
yèdiàn

opera house
歌剧院
gē jùyuàn

concert hall
音乐厅
yīnyuè tīng

park
公园
gōngyuán

planetarium
天文馆
tiānwénguǎn

science museum
科学博物馆
kēxué bówùguǎn

sights
景点
jǐngdiǎn

theatre
剧院
jùyuàn

tourist attraction
旅游景点
lǚyóu jǐngdiǎn

water park
水上乐园
shuǐshàng lèyuán

zoo
动物园
dòngwùyuán

accordion
手风琴
shǒufēngqín

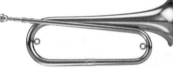

bugle
号角
hàojiǎo

clarinet
单簧管
dānhuángguǎn

bagpipes
风笛
fēngdí

banjo
班卓琴
bān zhuō qín

cymbals
钹
bó

castanets
响板
xiǎng bǎn

cello
大提琴
dàtíqín

drum
鼓
gǔ

electric guitar
电吉他
diàn jítā

flute
长笛
chángdí

drum set
鼓组
gǔ zǔ

harmonica
口琴
kǒuqín

guitar
吉他
jítā

grand piano
三角钢琴
sānjiǎo gāngqín

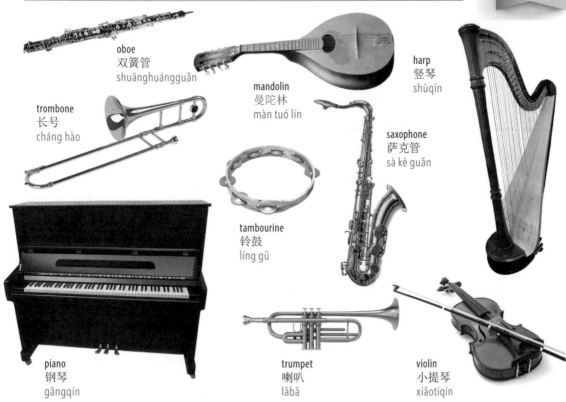

oboe
双簧管
shuānghuángguǎn

mandolin
曼陀林
màn tuó lín

harp
竖琴
shùqín

trombone
长号
cháng hào

saxophone
萨克管
sà kè guǎn

tambourine
铃鼓
líng gǔ

piano
钢琴
gāngqín

trumpet
喇叭
lǎbā

violin
小提琴
xiǎotíqín

Index